U0921529

基于混沌神经网络的医学体数据水印技术

韩宝如 著

科学出版社

北京

内 容 简 介

本书主要包括以下内容：绪论、相关理论、基于Legendre混沌神经网络的抗几何攻击的水印算法、基于Chebyshev混沌神经网络的大容量水印算法、基于Legendre混沌神经网络的多重变换域水印算法。全书总结了作者多年来在这一领域的研究成果和国内外同行的有关工作，围绕医学体数据水印技术，详细地描述了基于混沌神经网络的医学体数据水印技术的具体实现过程，为数字水印的应用开拓了新方向。

本书可作为高等院校信息与通信工程、计算机科学与技术等专业高年级本科生和研究生的教材或参考书，也可供从事信息安全和数字版权管理的相关人员阅读。

图书在版编目(CIP)数据

基于混沌神经网络的医学体数据水印技术 / 韩宝如著. —北京：科学出版社，2019.8

ISBN 978-7-03-057574-6

Ⅰ. ①基… Ⅱ. ①韩… Ⅲ. ①电子计算机—密码术—研究 Ⅳ. ①TP309.7

中国版本图书馆CIP数据核字(2018)第117523号

责任编辑：任 静 / 责任校对：郑金红

责任印制：张克忠 / 封面设计：迷底书装

科学出版社 出版

北京东黄城根北街16号

邮政编码：100717

http://www.sciencep.com

北京九州迅驰传媒文化有限公司 印刷

科学出版社发行 各地新华书店经销

*

2019年8月第 一 版 开本：720×1000 B5

2019年8月第一次印刷 印张：8

字数：151 000

定价：60.00元

(如有印装质量问题，我社负责调换)

前　言

医院信息化建设给医学信息的存储和传输带来了便利，它使患者的电子病历和医学图像等医疗信息能便捷地在医院各个诊断部门之间通过网络快速传输。利用互联网可实现远程医疗，但是通过网络传输患者的医学图像时，可能会泄露患者的个人信息。患者的个人隐私，如磁共振成像、超声成像和计算机断层扫描成像等医学图像上的患者信息及患者的电子病历等数据的泄露问题随着互联网的普及变得越来越严重。数字水印技术的使用，可以使远程医疗诊断和远程手术所需要的相关患者资料在互联网上传输时受到保护，并避免患者的资料被篡改，从而起到鉴别内容真伪、保护版权等作用。

数字水印技术作为信息隐藏技术的一个重要分支，是近年来国际学术界兴起的一个前沿研究领域，其研究涉及信息学、密码学、数学、计算机科学等多种学科。数字水印技术自 1993 年被提出以来，已有二十多年的历史，出现了各种算法，但目前数字水印仍然是一个不成熟的研究领域，还存在许多难题，特别是在抗几何攻击、大容量嵌入等方面还有许多瓶颈问题没有得到解决。本书针对这些问题，在研究相关数字水印算法和分析医学图像特殊性的基础上，提出基于混沌神经网络的医学体数据水印算法。读者可在此基础上举一反三。

本书作为国内关于基于混沌神经网络的医学体数据水印技术的专著，提出一些新算法，其内容不但涵盖混沌神经网络和感知哈希，还覆盖更加可视化的三维体数据。这些算法将混沌神经网络、三维离散变换、感知哈希和零水印有机地结合在一起，有效地解决了医学图像水印发展所遇到的一些难题。

本书是作者从事医学图像水印研究的系统总结。全书共分 5 章：第 1 章介绍数字水印的背景和研究意义，以及医学图像水印算法在国内外的研究现状，从各个方面对医学图像数字水印进行详细介绍；第 2 章介绍基于混沌神经网络的医学体数据水印算法所需要的数学理论基础；第 3 章介绍基于 Legendre 混沌神经网络的抗几何攻击的水印算法；第 4 章介绍基于 Chebyshev 混沌神经网络的大容量水印算法；第 5 章介绍基于 Legendre 混沌神经网络的多重变换域水印算法。

本书可以作为专业课程的指导书，也可以作为课程设计和毕业设计指导书，还可以作为数字水印研发人员的入门参考书。

本书撰写过程中参考了国内外发表的大量文献以及网站资料（这些资料在本书

中已尽量列出，若有遗漏深表歉意），在此对本书所引用文献的作者深表感谢。

本书主要内容是作者在海南大学读博期间完成的，为此，感谢导师李京兵教授，以及学习期间给予作者鼓励与帮助的老师、同学和朋友们。

本书得到了重庆医科大学医学信息学院领导和同事的大力支持，在此一并向他们表示诚挚的感谢。

本书得到了海南省自然科学基金(项目编号：617165)和重庆医科大学医学信息学院科研启动基金的资助。

由于作者水平有限，书中难免有不足之处，欢迎读者批评指正。作者联系方式：baoruhan@cqmu.edu.cn。

作　者

2018 年 1 月

目　　录

第1章　绪　　论

1.1　背景及研究意义

互联网在各个领域快速发展，并已广泛应用到远程医疗、网上银行、网上购物等。远程医疗是互联网的一个重要应用[1]。在远程医疗中，医疗专家利用互联网传递或接收医学数据。由于信息和通信技术的进步，医学图像可以很容易地通过网络传输进行共享、使用和处理[2,3]。当前医疗卫生行业的主要问题之一就是不能将高质量的医疗服务提供给所有的人。当前，实现公平医疗面临的主要困难是医疗资源分布不均匀[4]。计算机信息处理和通信技术的飞速发展为公平医疗提供了有效的途径。远程医疗是医疗技术和信息技术的结合，涉及医学、计算机信息处理和通信技术[5,6]。远程医疗分为远程影像学、远程诊断及会诊、远程手术和远程护理等医疗活动[1,6,7]，它给医疗服务带来了革命性的变革。我国是一个人口众多和国土广阔的大国，由于地区经济发展水平不同，医疗资源分布不均匀，各地医疗水平差别大，严重影响了医疗卫生行业的发展。因此，在我国发展远程医疗非常必要。在一系列远程医疗应用中，医学图像可以通过互联网发送给医生。一位医生可以将医学图像传送给另一位医生，以听取另一位医生的意见。因为最重要的是依据医学图像做出正确的判断，所以医学图像需要特殊的安全性和保密性，需要根据医学图像所提供的信息进行关键的诊断。利用互联网可实现远程医疗，但是通过网络传输患者的医学图像时，可能会泄露患者的个人信息。患者的个人隐私，如患者的磁共振成像(magnetic resonance imaging，MRI)、超声成像、计算机断层扫描(computed tomography，CT)成像等医学图像上的个人信息、患者的电子病历等数据的泄露问题随着互联网的普及变得越来越严重[8-10]。因此，医疗卫生行业需要更多的、可靠的医疗信息安全技术。

《中共中央国务院关于深化医药卫生体制改革的意见》中明确提出以医院管理和电子病历为重点，推进医疗信息化建设，利用网络信息技术，促进城市医院与社区卫生服务机构的合作。医疗信息化基础是基于数字信息化的，在当今医疗卫生行业中，数字信息化的作用越来越重要，各医院也进行了医疗信息化建设。传统的诊断系统已被电子诊断系统取代。医学图像是由各种医疗设备产生的，可以将人体内的器官用图像来表示，其中的一个例子是超声图像。事实上，在大多数医院，医生诊断病情依靠的是电子和数字医学数据(如磁共振成像、超声成像、计算机断层扫描成像和 X 射线图像)，这将导致在世界各地不同的医疗中心和医院不断产生大量的电子数据(医学图像)。医学图像往往被转换成数字形式，由原来的胶片方式存储发展成数字医学图像方式存储，使它更容易被存储和分布。为了以后的诊断，医学图像被存储在患者的历史数据库中，电子病历也逐渐替代了纸质病历[11]。由于把患者的不同信息存储在单独的文件中会增加失配和诊断错误的风险，把电子病历嵌入医学图像有助于医院信息系统节省内存和降低诊断病历不匹配的风险。医院信息化建设的应用给医学信息的存储和传输带来了便利。它使患者的电子病历、医学图像等医疗信息能便捷地在医院各个诊断部门之间快速传输。另外，在标准的制定上，医学数字成像和通信(digital imaging and communications in medicine，DICOM)标准的推出与实现，进一步促进了医院间的医学影像信息的交流。医院之间的医学图像交换需要高效、可靠的信息安全技术。然而，医学图像在网络上传输时，容易遭受电子病历篡改、医学图像篡改、非法攻击和患者信息泄露等信息安全问题[12]。这容易产生患者隐私泄露、误诊和版权纠纷等难题。特别是作为医生诊断病情依据的医学图像，一旦被篡改，不但会对患者的病情造成误诊，耽误治疗的最好时机，也不能成为医疗事故鉴定的证据。这要求所有患者的电子病历、医学图像以及与医疗相关的信息必须是完整、保密和安全的[13-15]。因此，医疗信息安全问题已经成为亟待解决的难题。

目前，医疗信息安全主要是利用传统的密码加密及认证方式来实现对医学图像及相关信息的保护[16]。随着医疗信息化的快速发展，该加密方式的缺点也越来越显而易见，已经不能完全地起到保护作用。首先，医疗信息系统每天生成巨大数量的医学图像及相关信息，如果医疗信息安全采用密码加密方式保护，工作量越来越大，需要运算速度快的计算机系统。其次，密码加密方式只能在传输信道实现，计算机破解密钥的运算能力越来越强，医疗数据容易被破解。再次，对医疗信息进行加密可能会引起他人的注意，使其更容易被拦截破解。最后，传统的密码认证方式中的数字签名或消息认证码是存储在文件中与原始医疗信息一起传递的，需要额外的传递信道。并且当医学图像文件由一种格式转换为另一种格式，如由 DICOM 标准图像格式转化为 Tiff 格式时，会丢失掉存储在文件中的认证信息。这些缺陷严重影响了传统的密码加密及认证方式在医疗信息安全中的应用。因此急切需要一种可靠的方法来实现对医疗信息的保护。

医学图像数字水印可以有效地解决以上难题[8,17-20]，为医疗信息提供安全可靠的保护。最初数字水印是用于互联网上的数字多媒体的版权保护的，现在可以利用数字水印的不可见性、鲁棒性等特点，把患者的个人信息隐藏在其医学图像中，以保证它在互联网上的安全传输[21-24]。医学图像水印的使用，可以使远程医疗诊断和远程手术所需要的相关患者资料在互联网上传输时，保护患者的隐私，并避免患者的资料被篡改[25,26]。

从现在的研究成果来看，医学图像数字水印的主要研究对象是二维医学图像，针对三维医学体数据数字水印的研究较少[20,27,28]。随着医疗成像设备的发展，在医院实际使用的大多数医学图像都是三维医学体数据，如磁共振成像、超声成像和计算机断层扫描成像等，因此医学体数据数字水印的研究具有十分重要的意义[2,29,30]。它能够有效地起到保护医疗信息的作用，能够积极有效地解决医院信息化管理中存在的占用存储空间大、医疗信息易失配和网络传输中患者个人信息被泄露及医学图像被篡改等难题[31-33]。同时，对医学体数据数字水印的研究也会促进医疗信息产业的发展，由此产生明显的经济效益和社会效益。

对于医学体数据数字水印，也有两个基本要求：第一是水印算法的鲁棒性，由于医学体数据容量较大，在进行远程传输或存储时，希望在不影响医生诊断的前提下，对这些医学体数据进行有损压缩，甚至对于一些非感兴趣区域(region of non interest，RONI)进行裁剪，不希望当这些数据经过常规的图像处理或几何变换后，隐藏在其中的患者信息丢失，所以在医学体数据中，希望水印有较强的鲁棒性；第二是希望嵌入较大容量的数字水印，对于一个医学体数据，都希望其能嵌入较多的信息，如患者的个人信息、电子病历、不同医生的诊断信息，医生希望这些信息都能够隐藏在患者的医学体数据中。但这些用传统数字水印算法难以实现。Kutter 等曾经提出第二代数字水印的思路，就是将水印嵌入图像的特征向量中，或者将数字水印和图像的特征向量相关联[34]。但由于医学图像的特殊性，嵌入的水印不能影响医学图像的视觉质量和内容，否则会影响医生的诊断结果。考虑到医学图像的特殊性，针对目前医疗信息安全中存在的问题，本书在研究相关数字水印算法和分析医学图像特殊性的基础上，提出基于混沌神经网络的医学体数据数字水印算法。该水印算法把混沌神经网络、三维离散变换、感知哈希和零水印结合在一起，实现对医学体数据全方位的保护。众所周知，零水印算法使用医学体数据特征向量进行零水印的构造，不对医学体数据做任何修改，使医学体数据具有良好的透明性，水印的提取无须原始医学体数据，不会影响医生对医学体数据的诊断，利用混沌神经网络置乱增强了水印信息的安全性，因此可以十分有效地保护医疗信息。

1.2 医学图像数字水印算法的研究现状

目前，医学图像是由各式各样的数字成像设备产生的，如磁共振成像、超声成像和计算机断层扫描成像等。复制、编辑和传送这些医学数字图像，比处理模拟图像容易得多。通常的医学图像存储在电子病历系统等。然而，这些系统收集的医疗信息用于不同的目的，如患者护理、临床研究和保险理赔等[17]，所以这些信息需要保密和验证。此外，医学图像的体量巨大，因此需要巨大的存储容量。不断发展的医学数字成像和通信标准提供了指南，确保医学图像的认证、完整性和保密性[12,35-37]。DICOM 标准已经认可像素数据压缩使用联合图像专家小组(joint photographic experts group，JPEG)、JPEG2000 压缩标准等。有时，保险公司和医疗专家等出于各种目的，可能想改变这些医学图像的基本内容，毫无疑问，为了应对此类威胁，对医学图像的保护成为一个迫切的需求。数字水印可以作为一种解决方案。

目前大部分医学图像数字水印算法以二维图像为主，根据所嵌入容量的要求和鲁棒程度来选择不同的水印算法[38]，一般嵌入的水印容量越大，不可见性越差，但鲁棒性会越好。鲁棒性和不可见性是一对矛盾。医学图像的特殊性在于其嵌入的水印不能影响医生的诊断，不能明显改变医学图像的内容，特别是不能改变图像的感兴趣区域(region of interest，ROI)，也就是含有重要病理信息的病灶区[8]。通常的医学图像水印算法都是在医学图像的 RONI 嵌入水印[17,39]，如图 1-1 所示。然而，RONI 大都是黑色的，限制了水印的容量。所以大多数时候都是花费大量的精力和时间，选择医学图像的 ROI，以便嵌入高容量的水印，如果选错区域，就会影响医生的诊断。

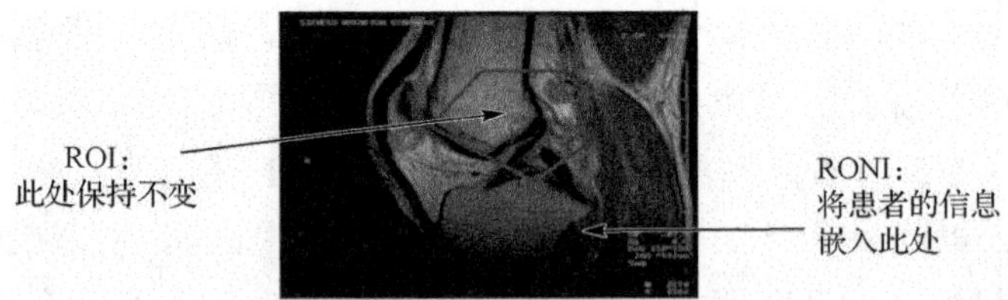

图 1-1 医学图像 ROI 和 RONI

目前，医学图像数字水印算法研究已经成为数字水印领域的研究热点，吸引了越来越多的国内外学者[26,39-43]。

在国际上，对医学图像数字水印算法的研究已经取得了不少进展[28,44,45]。其中，Giakoumaki 等将小波变换应用到医学图像数字水印中，并提出了一种改进的算法。该算法利用 Haar 小波变换对原始图像进行三级分解，将 BCH 码的水印信息嵌入图像的第二级和第三级水平细节系数，水印信息分别由医生的数字签名和患者的个人数据构成，水印图像的平均峰值信噪比(peak signal to noise ratio，PSNR)值是 46dB[46]。

Memom 等提出了一种基于最低有效位(least significant bit，LSB)的脆弱水印算法。该脆弱水印算法把医学图像(计算机断层扫描胸部图像)分割为 ROI 和 RONI。水印由医院标识和患者的信息组成。算法令宿主图像的所有 LSB 为 0，生成的水印嵌入 RONI LSB 置乱的像素上，其水印图像的 PSNR 值大于 55dB[47]。

Wakatani 提出了一种医学图像数字水印算法。为了不影响诊断，避免在 ROI 嵌入水印，嵌入的水印用渐进编码算法压缩。嵌入水印过程中，原始图像使用离散小波变换(discrete wavelet transform，DWT)进行变换，小波函数使用 Haar 函数。水印提取是逆向的嵌入过程。该算法的主要缺点是非水印区域容易被复制攻击[39]。

Lim 等提出了一个基于网络的图像认证方法，他们使用了计算机断层扫描图像。该方法主要基于对医学图像完整性和真实性的验证。在这种方法中，水印通过使用医学图像最重要的 7 个位平面，作为哈希函数输入。此哈希函数生成 0 或 1 二进制值密钥，然后嵌入图像 LSB 平面，得到嵌入水印后的医学图像[48]。

Giakoumaki 等提出了一种基于小波变换的多水印算法。该算法提供了解决医疗数据的管理和分配问题的方法，如数据保密、归档和检索，并记录完整。该算法对医学图像进行四级小波变换，在不同频带嵌入多个水印。其实验是利用超声医学图像做的。该算法对医疗过程的隐私性有很好的保护作用并对数据的认证也有作用[46]。

Golpira 和 Danyali 提出了一种可逆盲水印。在水印嵌入过程中，该算法采用整数小波变换(integer wavelet transform，IWT)把医学图像分解成四个子带，通过选择两个阈值，根据水印数据所需的容量嵌入水印。利用逆整数小波变换(inverse integer wavelet transform，IIWT)得到嵌入水印后的图像。提取过程正好相反[49]。

Memom 等提出了一种医学图像的脆弱和鲁棒水印算法。该算法把两种不同的水印(鲁棒水印和脆弱水印)分别嵌入医学图像。嵌入过程是从医学图像分割为 ROI 和 RONI 开始的。含电子病历、医生识别码和 ROI 的 LSB 平面的鲁棒水印采用用户密钥产生的伪随机序列进行置乱。该算法把脆弱水印嵌入医学图像 ROI 部分空间域[50]，如将水印加在图像的 LSB 上[51,52]，Acharya 等将电子病历嵌入图像的 LSB 上[53]。

Trichili 等提出了一种水印算法，它采用伪随机二进制密钥进行加密，在医学图像上加虚拟边框，并把加密的水印嵌入 LSB 的每个像素上，这并不影响医学图像包含的数据，能够使医学图像以安全的方式传输[54]。

Engin 等研究了基于离散小波变换的数字水印技术，用于对监测心血管疾病的心电图的信号进行完整性验证，在不同的噪声条件下，利用不同的小波函数对提出的技术进行了评估，表明 Daubechies 小波函数的性能优于双正交小波函数[44]。

Kumar 等提出了一种新的基于离散小波变换域的扩频水印算法。该算法把敏感的医学信息，如医生的签名/识别码或患者身份码嵌入放射图像，达到身份认证的目的。该算法具有较高的水印容量[55]。

Mostafa 等提出了一种新的基于离散小波包变换(discrete wavelet packet transform，DWPT)的医学图像水印算法，该水印算法可以对患者的信息提供有效的保护，而且该水印算法在医学图像中嵌入电子病历信息以节省存储空间和传输开销，保证共享数据的安全。该水印算法是盲水印，电子病历可以从医学图像提取，且不需要原始图像[56]。

Singh 等研究了基于离散小波变换和奇异值分解的双重水印算法。为了医学图像的应用和传输，文本和图像水印被嵌入放射医学图像中。该算法结合了两种变换的优点，并消除了两者的缺点。实验结果表明，该算法具有良好的鲁棒性且不影响图像质量[57]。

在区域算法的基础上，Al-Haj 提出了一个基于频域和空间域的多水印算法。一方面，保密性和真实性由医学图像 RONI 嵌入鲁棒水印来确保，使用基于离散小波变换和奇异值分解的盲水印算法。另一方面，完整性由医学图像 ROI 嵌入脆弱水印来确保，使用基于空间域的可逆水印算法。该水印算法提出的完整性检测是在分块图像上实现的，只能进行篡改区域的局部检测[58]。

Singh 等提出了一种新的以扩频为基础的基于小波变换域的、安全的多重数字图像水印算法，利用选择性离散小波变换系数进行嵌入。该算法基于扩频技术。嵌入过程中，医学图像进行二级小波分解，图像及文本水印分别嵌入选择的离散小波变换的第一级和第二级系数中。与其他算法相比，该算法具有良好的鲁棒性和不可见性[59]。

Badshah 等对超声医学图像 ROI 无损压缩使用不同的水印，该算法使用 LZW 无损压缩确保图像的感知特性和诊断特性不变[60]。

Divecha 和 Jani 提出了一种新的安全的医学图像数字水印算法。为了提高图像的安全性，图像被分割成块。相邻像素的相关性较高，相邻像素之间的差作为一个数据嵌入空间，即差分直方图的全局峰值用于嵌入水印。嵌入过程的多个迭代增加了数据隐藏容量[61]。

Nyeem 等提出了一种医学图像数字水印，利用医学图像 RONI 的 LSB 嵌入水印，避免了对医学图像 RONI 的分割[62]。

Anusudha 等介绍了一种用于医学图像版权保护及认证的混合水印和加密技术，在小波域嵌入水印，利用遗传算法的优点，提出了一种改进的图像复合算法对水印图像进行加密[63]。

Garcia-Hernandez 等提出了两种水印算法，即扩展的基于离散余弦变换(discrete cosine transform，DCT)和大容量数据隐藏水印算法。嵌入水印后的图像可以保证适合计算机辅助诊断系统，其主要结果是病灶分割和分类[64]。

Cedillo-Hernandez 等提出了一种强鲁棒性的水印算法，同时保持高质量的水印图像，生成的水印嵌入原始医学图像的离散傅里叶变换(discrete Fourier transform，DFT)的中间频率。在检测过程中，水印使用比特正确率进行检测[65]。

Mohananthini 和 Yamuna 提出了一种基于离散小波变换与奇异值分解的医学图像数字多水印算法。该水印算法将三个水印嵌入不同的颜色图像中，如第一水印是患者识别，第二水印是患者的诊断信息，第三水印是医生签名图像[66]。

Parah 等提出了两种不同的基于变换域的医学图像水印算法，采用基于 8×8 块的离散余弦变换。该算法不仅能抵抗单独攻击，也能抵抗混合攻击[33]。

在国内，与医学图像有关的数字水印研究也取得了一些进展，学者也发表了不少文章[67,68]。其中，Wu 等提出了一种基于分块的医学图像数字水印方法，实现了信息隐藏和图像认证。该方法把图像分为 256×256 像素，只能识别出篡改的块，不能确定篡改的确切位置。水印图像的平均 PSNR 值是 48.2dB[69]。

Piao 等提出了基于整数小波变换的脆弱水印算法。最高有效位和图像信息作为水印，转换成一个哈希值，嵌入图像整数小波变换 LL 子带的 $M\times M$ 块的 LSB 上。对于医学图像，这种算法也取得了很高的 PSNR 值[70]。

Huang 等根据差分块直方图的基本原理对医学图像的高容量可逆水印进行了详细的研究，该算法将有利于医学图像认证和医生与患者的信息保密。该算法运算复杂度低，嵌入容量小，对辅助信息的需求量小，具有较高的安全性和实用性[71]。

Chao 等对医学图像进行离散余弦变换，把与电子病历有关的数据作为水印信息嵌入量化的离散余弦变换系数上[26]。

高琳把数字水印应用到医学图像版权保护上，提出了两种水印算法。一种是可逆水印算法，该算法基于整数变换和能量选择。另一种是大容量频域水印算法，该算法基于冗余小波变换和子采样方法[72]。

Wu 等提出了一种基于离散余弦变换和扩频通信的医学体数据水印，该水印能抵抗几何攻击，需要利用原始医学体数据提取水印，是非盲水印[27]。

陈凌剑利用整数小波变换对医学图像进行变换，把水印嵌入每个矩形的高频系数上，这是脆弱水印，能检测篡改位置，但是嵌入的水印影响医学图像的质量[73]。

Sun 和 Bo 把主成分分析和离散小波变换结合起来，提出了一种盲水印算法并应用到彩色医学图像中。利用小波变换对图像的主成分进行变换，在小波变换的低频子带上嵌入水印，该水印不需要原始医学图像，具有不可见性和较差的抗攻击能力[74]。

Sun 等提出的水印算法利用独立主成分分析对牙齿的医学图像进行特征提取，在医学图像中嵌入患者信息的 ASCII 码[75]。

刘岩和张春田利用小波变换对医学图像进行变换和选择，把水印嵌入医学图像 ROI 的小波系数上，可以增强水印的鲁棒性，但是降低了水印的容量[76]。

Gao 等提出了一种使用冗余离散小波变换(redundant discrete wavelet transform，RDWT)和子样本的医学图像可逆水印。为了满足感知质量的高要求，该算法通过修改 RDWT 系数嵌入水印[68]。

对于三维医学体数据，刘旺等在三维离散余弦变换的基础上，提出了一种医学体数据水印的算法，该算法利用三维离散余弦变换嵌入水印，具有抵抗加噪、滤波攻击的能力，但其抵抗旋转攻击的能力较差[77]。

Li 等提出了一种基于离散余弦变换的零水印算法。该算法避免了寻找医学图像 ROI 的复杂过程，并结合了图像的视觉特征向量与加密技术。该水印算法具有较强的鲁棒性和不可见性，能抵抗旋转、缩放、平移、裁剪等攻击，是盲水印提取。此外，与现有的医学图像数字水印技术相比，它可以嵌入更多的数据，具有更低的复杂度，在临床应用上更具有实用性[78]。

Han 和 Li 提出了一种新的医学体数据鲁棒水印算法，该算法把三维离散小波变换、三维傅里叶变换和 Hermite 混沌神经网络结合起来，采用 Hermite 混沌神经网络置乱，具有很高的安全性和鲁棒性[79]。

隋淼提出了新的医学图像水印算法，该算法采用 Arnold 置乱增加了安全性，在变换域上提取鲁棒特征向量，不仅能应用于二维医学图像，也能应用到三维医学体数据中[29]。

刘瑶利提出了基于 Logistic Map 置乱的水印算法用于三维医学体数据。该算法采用 Logistic Map 置乱增加了安全性，在变换域上提取鲁棒特征向量，具有良好的鲁棒性，能抵抗各种攻击[80]。

Lu 等提出了一种医学图像的多水印算法。该水印算法能有效地把图像特征信息嵌入原来的图像中，与此同时，把私有标签的信息也一并嵌入原来图像作为水印图像。水印嵌入 ROI 小波变换的低频带[81]。

Han 和 Li 提出了一种基于 Legendre 混沌神经网络和感知哈希的医学体数据零水印算法。该算法在三维离散余弦变换域上，利用感知哈希构造零水印，使用 Legendre 混沌神经网络对水印图像进行置乱[82]。

Han 等将三维离散傅里叶变换应用到医学体数据数字水印中。该算法首先对医学体数据进行三维离散傅里叶变换，选择低频系数进行三维离散傅里叶逆变换，然后利用差异哈希构造零水印[83]。

1.3 医学数字水印概况

1.3.1 数字水印基本概念

1) 定义

作为隐藏技术研究的一个方向，数字水印通常被用来隐藏数字多媒体中的专有信息，如数字图像、数字音乐或数字视频[84-86]。它把具有特定含义的标志信息——水印嵌入数字图像、数字音乐或数字视频等数字载体中，并且原载体的使用不能被影响，这些具有特定含义的标志信息——水印可以通过相应的算法检测和提取，能起到保护作者版权的作用，并且可以当作鉴定或侵权的证据，因此成为数字多媒体保护和防伪的有效工具。如果能够达到特定的要求，数字水印可以更有效。然而，一个成功的数字水印方案需要满足不同的应用。毫无疑问，目前作为多学科交叉技术的数字水印是信息安全技术领域的一个研究热点[38]。

从基本原理来说，数字水印主要包括：水印的选择、水印的嵌入、水印的提取和水印的检测四个步骤。

(1) 水印的选择。水印是根据具体的应用类型来选择的。原始数据和原始数据之间不应该有任何差异。相同的所有者可以有不同的水印。例如，一个公司有不同种类的产品，每一个产品都有独一无二的水印。

(2) 水印的嵌入。水印的嵌入过程如图 1-2 所示，图中原始图像被嵌入水印。而密钥、原始图像和水印信息作为输入，嵌入过程中生成的水印图像作为输出。

水印嵌入后要求原始图像和水印图像之间的区别不能被人眼分辨出来。水印的嵌入不能对原始图像的质量产生影响。但是对于可见水印，嵌入的水印是在原

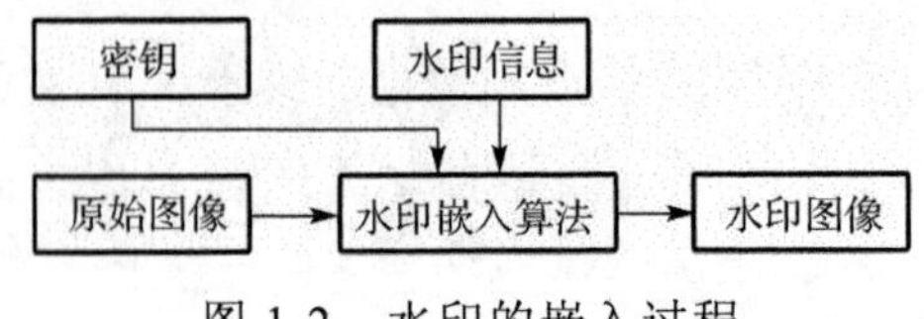

图 1-2　水印的嵌入过程

始图像上可见的。水印嵌入时，需要注意对水印嵌入方法进行合适的选择，除此之外还要对原始图像嵌入水印的位置进行适当的选取，以求水印的嵌入达到最佳的效果，保证其鲁棒性和不可见性。

水印的嵌入可用式(1-1)表示：

$$x_w(k) = f(x_0, w) \tag{1-1}$$

最常用的嵌入公式如下。

加法准则：

$$x_w(k) = x_0(k) + ax(k) \tag{1-2}$$

乘法准则：

$$x_w(k) = x_0(k)(1 + ax(k)) \tag{1-3}$$

式中，x_0是原始图像；w是水印信息；x_w是水印图像；f是嵌入的算法；a是嵌入强度的因子。对于数字图像而言，水印既可以在空间域嵌入，也可以在变换域嵌入。

(3)水印的提取。水印的提取是数字水印的一个重要步骤。水印授权是必需的。该水印提取算法应确保未经授权的人窃取图像时，只能得到质量非常差的图像或得不到图像。图 1-3 给出了水印的提取过程。图 1-3 中，虚线方框表示水印提取过程可选择是否需要原始图像。在水印提取过程中，有些提取水印的算法使用原始图像(非盲水印)。有些提取水印的算法不使用原始图像(盲水印)，具有很好的实用性。由于水印提取取决于水印的嵌入算法和被嵌入的方式，有时候提取不出来确切的水印信息。

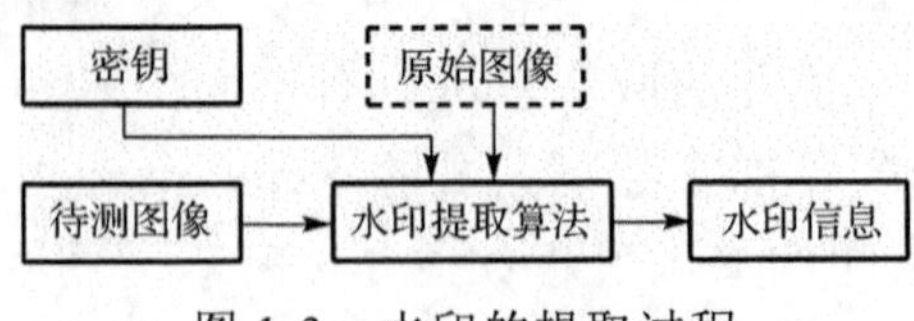

图 1-3　水印的提取过程

(4)水印的检测。与前面介绍的水印的嵌入和提取过程不同，水印的检测过程也是非常重要的一步，主要是对其所有权进行验证。因为待测图像容易遭受各种攻击，所以水印的检测可以通过计算提取的水印和嵌入的水印两者之间的相关度的大小来判定待测图像是否含有水印。图1-4表示水印的检测过程。

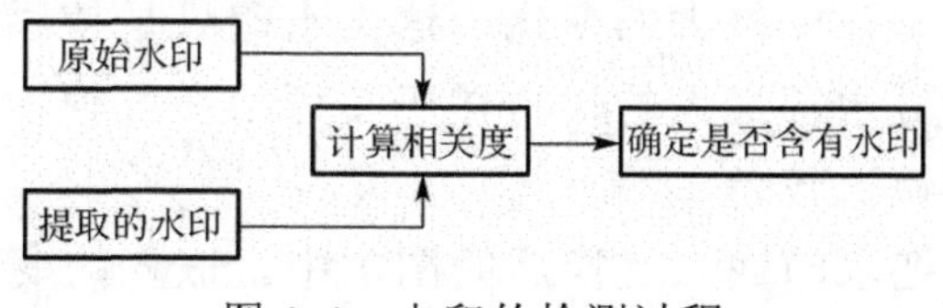

图1-4 水印的检测过程

2) 数字水印的分类

互联网上的数字数据(图像、音频或视频)日益增长，需要找到一种方法对数字的版权数据进行保护。因为数字水印的发展极其依赖于现代信息技术，所以其和早先的纸质印刷的水印有重要的区别，前者的定义是把特定的信息嵌入现代的数字多媒体中。而特定的信息是完全不可见的。由于这些年的发展，数字水印成为当前知识产权保护的重要措施，尤其是在多媒体数据方面。研究人员对这方面的研究已经提出了很多方案。普遍的方案都采用一种类似的方法，即在数据中隐藏一组所有者的数据，而且最终能够被出版，目的是能够证明它们的所有权。

数字水印的分类方式有很多种，一般认为可以从以下几个方面进行分类。

(1) 根据水印是否可见进行分类。通过这种分类，水印可以分为可见水印和不可见水印。

可见水印是最原始的水印方式。该类水印是将水印信息直接添加到原始对象中。这使原始对象上的水印可以被看到。嵌入的水印信息一般是能够对嵌入所有者的文本或者标志进行正确无误的甄别的。一般认为常见的可见水印虽然已经应用在很多领域，而且时间也非常久，也可以加入音频、视频文件或数字图像，但是它的安全性一直存在问题，尤其是对版权的认证和保护上。因此它仅能识别所有者。

相对于可见水印，不可见水印则是在水印嵌入后不能被人发觉，它是典型的不可见技术，由于人们对它的隐藏性已经有大量的研究，它最重要的一个研究方向就是版权保护系统，即防止或阻止没有被授权的数据被不正当地复制。

(2) 根据水印的嵌入域进行分类。水印嵌入时必须制定区域，根据嵌入域分类的方法可分为空间域水印和变换域水印。

空间域水印算法对原始图像中的像素进行灰度强度的改变。该类算法容易实现，计算也不是很复杂，并且最为重要的是其不需要进行频率变换。空间域水印通过选择像素位置和位替换，把水印嵌入原始图像中。水印嵌入原始图像中，其嵌入的位置一般是 LSB。这主要的原因是 LSB 含有图像像素最少的信息，对其进行任何改变，都不会引起图像大的变化。这类水印只是使原始图像或像素的灰度强度发生变化。空间域水印最大的优势在于其可用在各种各样的数字图像上，但不足的地方是其鲁棒性比较差。

变换域水印就是把水印嵌入变换后的图像中。嵌入的变换域一般有离散傅里叶变换、离散余弦变换和离散小波变换。其嵌入的过程是比较复杂的，但是与空间域水印相比，变换域水印具有良好的优点，即设计算法时通过选择一个符合当前压缩标准的框架，可以避免嵌入通常被丢弃或在压缩过程中严重量化的系数，因而可以保证符合这些标准的鲁棒性。

(3)根据水印的检测和提取进行分类。在这种分类中，水印可以分为盲(blind)水印、非盲(non-blind)水印和半盲(semi-blind)水印。

盲水印一个最重要的特点是其提取和检测无须原始图像和水印，这也是它的一个优点。但其不足之处在于一旦水印图像被严重破坏，则检测过程变得极为复杂困难。

反之，非盲水印则需要原始图像来完成检测和提取。该类水印能保证更好的鲁棒性，但可能导致多种所有权。

半盲水印在进行水印的检测和水印的提取时不需要原始图像，只需要原始水印信息。

盲水印更具有实用性，所以许多学者都研究盲水印而不是非盲水印，但是研究盲水印要比研究非盲水印困难得多。

(4)根据水印的鲁棒性大小进行分类。在这种分类中，水印可以分为三类：脆弱水印、鲁棒性水印和半脆弱水印。

脆弱水印容易被图像随机的处理方法破坏。水印的变化可以很容易地被检测到。脆弱水印的目标就是能够提供图像完整性的信息，检测到未经授权的原始图像改变，为图像提供认证或鉴别。

鲁棒性水印能抵抗大部分的图像处理方法(压缩、加噪声、平移等)。它能够从受到大量攻击的水印图像中提取水印。因此，鲁棒性水印被首先用来保护版权。

半脆弱水印抵抗攻击的能力介于脆弱水印和鲁棒性水印之间。它对常规的图像处理方法具有一定的鲁棒性，对于恶意攻击显得极为敏感。

3)数字水印的应用

互联网的发展，给数字产品的创造和传递带来了很多机会。多年以来，数字水印在版权管理和保护上的应用很大程度上推动了数字水印技术的研究。目前数字水印技术已经广泛应用到医疗、军事和商业等行业，在其他领域中也具有潜在的应用价值[87-92]。

(1)版权保护。版权保护是数字水印的传统应用，也是数字水印的主要应用。水印，如信息源、版权所有者的名称或签名，被嵌入作品中，以防止其他当事人声称作品的版权，产生版权纠纷。如果没有数字水印，一旦数字产品离开保护的数字源，版权所有者就无法控制，就无法就给用户使用。这些应用对数字水印有很多技术要求：第一，对普通用户来说，其要求水印是不可见的；第二，水印是独立的数据格式；第三，水印具有很好的鲁棒性，能抵抗各种攻击。

当前，一些企业已经把数字水印技术实际应用到版权保护中，如美国的IBM公司就把数字水印应用到其公司的“数字图书馆”这个产品中。另外，世界著名的数字多媒体公司Adobe也把数字水印插件集成到Photoshop软件中。

(2)数字指纹。针对非法复制和网上不法传输的问题，一般来说可以通过从复制信息中提取出来的指纹来确定最初的非法复制起源。为了防止非法的伪造、删除或失效，必须要求水印是不可见的。

(3)复制防护和控制。在一些封闭的系统中，多媒体内容需要专门的多媒体设备来复制或查看。通过把水印嵌入复制防护系统，来防止复制的内容或控制允许复制的数量。每次复制都可以通过专门的设备来修改水印，如数字多功能光盘。另一个例子是数字影院，相关信息作为水印可以嵌入每一帧或一个序列的帧，通过水印可以发现盗版的时间和地点，降低重复盗拍的可能性。

(4)伪造和篡改检测。数字水印还有一个应用是伪造和篡改检测，已经广泛应用在多媒体证据、医疗、新闻报道和商业交易等。它能确保内容来源于确定的对象且没有被改变、操纵或伪造。这可以通过在原始数据中嵌入水印来实现。利用与原始数据相关的密钥提取水印检测数字多媒体的内容(如照片)，来验证数据的原始性。该水印还可以检测篡改的位置，可以帮助消除对原始图像的任何修改和恢复原始图像。

(5)身份安全。护照或身份证信息(如护照号、姓名)也可嵌入文件的照片中。通过提取嵌入的信息，并将其与书面文本进行比较，可以验证身份。在该项应用中，水印增加了安全性。例如，如果身份证被盗，上面的照片被替换成被伪造的照片，提取水印失败可以说明该身份证无效。

(6)内容认证。在这个应用中，任何对内容的更改或篡改，如压缩、噪声污染，都能被检测到。它利用“脆弱/半脆弱水印”来实现。认证要求的水印鲁棒性是最低级别的。

(7)广播监测。利用音频水印可以监测网络广播和电台广播，跟踪音乐，采用音频水印技术进行广播跟踪和内容监测，其已经大量应用在广播和网络广播领域。

(8)索引。对于视频邮件、电影和新闻，利用数字水印可以添加注释和标记，以便被搜索引擎使用。

(9)信息隐藏。数字水印可用于传递秘密消息。数字水印技术可以把需要传递的秘密信息嵌入普通的图像或另外的数字媒体中进行传递，这样不会引起注意，避免拦截和破坏。

1.3.2 医学图像的特点

如果水印技术应用在医学图像上，提取水印信息后不能获得原始图像，这在法律上是会产生纠纷的[93,94]，虽然有研究表明，医生可以容忍一部分信息的损失。Gray 等[95]研究了乳腺肿瘤的 X 射线图像究竟能允许损失哪些信息而不影响医生诊疗或判断。然而，由于不同部位的医学图像，如脑部和胸部的图像，允许损失的信息有不同的量值，这些量值还没有法律认可的标准，水印技术要应用在医学图像上，必须先解决由嵌入水印引起的信息失真问题[2]。

医学图像是医生对患者的生理疾病信息获取及诊断病情的一个重要依据，在医学领域，传统上对于用于诊断的医学数据的质量要求非常严格，往往不允许对医学数据做任何改动。这反映在医生对待用于医学图像的有损压缩算法的态度上，尽管从一般意义上不难看出，图像的有损压缩可以大量节省图像的存储空间，且解压后的图像与原始图像从视觉上看不出有差别，但是考虑到目前还没有一个统一的标准来衡量图像质量的损失对于医生判别图像的影响，一旦出现误诊，很容易引起法律纠纷。另外，由于医学图像的获取代价往往相当高，临床上普通的一次计算机断层扫描、磁共振成像、PET(正电子发射成像)检查都要不菲的费用，这些设备的成本都十分高昂。这与通过普通的数码相机获取的数字图像所需要付出的代价形成强烈的对比。

不难看出，无论从法律上还是从经济成本上考虑，任何可能对医学图像造成损失的操作都是不可取的。

数字水印技术是把水印信息(如认证信息或其他任意信息)直接嵌入图像(或其他信息)中，在水印信息嵌入过程中，不可避免地会引起原始图像的失真。这种失真对于诊断用的医学图像是不可接受的。

下面简单介绍几个在医学水印中常见的名词。

1)病灶区

病灶区指的是医学图像中包含了最重要病理信息的ROI[96]。在实际的医疗活动中，病灶区直接决定了医生对患者病情的判断。所以只要在加入水印时不改变病灶区的内容，或者将水印嵌入医学图像的病灶区之外，即 RONI，将传统有损数字水印技术应用于医学图像就成为可能。将水印嵌入 RONI，确保 ROI 的真实性和完整性，既可避免每次浏览图像都进行水印提取和图像恢复，也可直接将医学图像应用于医学诊断或其他医学方面。既然 RONI 和病灶区是互不相交的，不会影响病情诊断，那么在保证不可见性的条件下，可适度提高水印容量和鲁棒性。

2)DICOM 标准

1993 年，美国放射学会和美国电气制造商协会在 ACR-NEMA 标准的基础上联合推出了 DICOM 3.0 标准[97,98]。就当前而言，DICOM 3.0 标准是医学图像及其相关信息在计算机间传输的国际统一标准。

远程医疗通过信息处理和通信技术提供异地间的信息存储及处理手段以及传送声音、图像、数据、文件、图片等医疗活动。目前，在许多国家，尤其是一些发达国家，远程医疗技术已广泛应用于心脏、脑外、放射、精神病、眼科、皮肤科等多种医学专科的诊断治疗和疑难重病的专家会诊。医学图像通信系统是其中重要的组成部分[99,100]。

DICOM 标准中详细定义了医学影像及其相关信息的组成格式和交换方法，利用这个标准，人们可以在影像设备上建立一个标准接口完成影像数据的输入/输出工作。

DICOM 标准是一个可连接及开放式体系，它定义了自己的信息对象模型和网络传输协议，是一个基于信息传递机制的面向对象标准。DICOM 标准已经成为事实上的工业标准，绝大多数医疗设备生产商关于医学影像的产品都遵循 DICOM 标准，也就是说，这些设备生成的医学图像都使用的是 DICOM 标准中定义的图像格式，形成了行业的统一。

DICOM 标准关于患者隐私的保护是通过基本应用程序级机密概要进行的。该概要分为去标识符和恢复标识符两部分。DICOM 标准对医学图像的安全保护进行了全面的规定，但在因特网上传输医学图像时，DICOM 标准医学图像的安全传输仍然依赖于因特网上的实时通信协议，因此远程医疗图像通信系统除了要遵守 DICOM 标准的安全规定，还必须在因特网的不同层次上使用相应的安全技术。DICOM 标准的制定，为影像存档与通信系统(picture archiving and communication system，PACS)的发展提供了强有力的支持[101]。

3) PACS

PACS[102,103]是医学图像信息管理的重要组成部分，它对医学图像的采集、显示、存储、交换和输出进行数字化处理、数字化存档管理与传输，实现了医学图像在医院内外的高速传递和分发，使医生和患者随时随地都能获取需要的医学图像，有助于实现医疗数据共享与远程专家会诊，促进医院信息化、现代化发展。

PACS 以数据技术为基础，用电子技术取代传统的硬复制形式，利用计算机网络在图像采集设备、工作站和图像管理服务器之间进行数据传输，促进了图像的共享、交流；对所有图像进行 DICOM 标准化处理，便于图像的管理、存档；采用访问控制原理、加密体制和数字签名来保证 PACS 的安全和稳定。

1.3.3　医学图像数字水印的特点

随着科学技术的发展，先进的电子和数字医疗设备在医疗行业大规模使用，电子医疗诊断系统已经代替了传统的诊断系统。实际上，绝大多数的医生依靠医疗设备提供的医学图像诊断患者的病情，所以医学图像是医生诊断病情的依据。一般对医生诊断病情用的医学图像的要求极为严格，任何人都不能对医学图像做随意修改，否则就会造成医生对患者病情的错误诊断，出现医疗事故[104-106]。因此医生对医学图像的质量要求非常高。

尽管对医学图像进行压缩有助于节约存储空间，便于其在网络上传输，目前有研究表明，医学图像丢失少部分信息是在医学容许之内的，如 Gray 等对乳腺肿瘤的 X 射线图像进行了研究，研究哪些图像信息影响医生的诊断或治疗，哪些图像信息可以损失掉[95]，但是医学上对医学图像的压缩质量目前还没有一个统一的标准，也没有法律规定。

因此，使用医学图像数字水印时，必须解决嵌入水印所造成的医学图像质量下降、损失医学图像的可见性问题。当然，使用医学图像数字水印保护医学图像时也必须遵守法律和道德规范。

1.3.4　医学图像数字水印的优点

医学图像数字水印具有以下优点[107]。

1) 节省内存

医学图像和电子病历所需的存储空间非常大，对小型医院的财政支出影响很大。把数据嵌入相应的医学图像中，医疗信息系统会节省很多存储空间，因为嵌入水印后，医学图像和数据就会成为一个实体。

2) 节省带宽

远程医疗传递医学图像和数据需要占用大量的带宽。数据嵌入医学图像，可以避免源数据传输增加带宽的额外要求。电子病历和医学图像成为一体，在远程医疗应用中的传输带宽可以减少。

3) 避免失配

每天，全世界的医疗机构放射部门都会产生大量的医学图像，产生的医学图像对医学专业人员、医学研究人员和学生具有巨大的价值。如果电子病历数据和图像是分开的，患者数据失配的概率太高。所以电子病历数据和医学图像匹配至关重要，否则会出现严重后果。为了避免患者数据失配，不管使用哪种软件都必须把数据和医学图像集成到一起，或把数据隐藏嵌入医学图像中。这方面的研究人员已经做了一些工作，采取各种方式把患者的数据嵌入医学图像中。

4) 保密

一般情况下，患者不愿把个人的医疗报告暴露给公众，尤其是在病情需要保密的情况下。医学图像数字水印通过把数据嵌入医学图像，可以对医疗情况高度保密。

5) 安全

当患者的数据和图像各自单独发送时，如果在文字或图像上进行篡改，则可能会导致医生诊断错误，甚至影响生命安全。而嵌入水印的医学图像则无此担忧。

6) 不可否认性

为了满足诊断或远程医疗的需求，嵌入数据的医学图像需要在医院信息系统之间的内部网络或互联网上进行传输。在远程诊断时，借助于医学图像水印，医院或临床医生可以拒绝接收不是发给他们的医学图像。如果嵌入数据的医学图像被临床医生分析了，医院必须要支付费用，避免了可能会出现的违约情况。为了保证安全，双方使用密钥。医院的密钥是医院的标志，临床医生的密钥是本人的数字签名。

1.3.5 医学图像数字水印的种类

1) 按照医学图像数字水印的鲁棒性分

所有的医学图像数字水印可以分为三类：鲁棒性水印、脆弱水印和半脆弱水印。

医学图像鲁棒水印被用来抵抗不同的图像处理攻击或操作。其基本目的是医学图像的保护和内容认证。

脆弱水印一般用来检测医学图像的完整性或防止篡改。与鲁棒性水印的要求相反，脆弱水印必须对信号的篡改很敏感，人们根据脆弱水印的状态就可以判断图像是否被篡改过。

半脆弱水印结合了鲁棒水印和脆弱水印的性能。像脆弱水印一样，半脆弱水印能够检测到图像被篡改的区域。目前，医学图像半脆弱水印算法的研究非常匮乏。

2) 按照医学图像数字水印的用途分

按照医学图像数字水印的用途可以分为四类：认证水印、篡改提示水印、索引水印和诠释水印。

认证水印将医院标志、医生的数字签名/识别码或患者身份码作为水印嵌入医学图像中，对医学图像进行认证。认证水印需要具有鲁棒性。

篡改提示水印利用脆弱水印保证医学图像和电子病历的完整性，并防止篡改。

索引水印利用数字水印实现医学图像的检索。其水印信息一般由患者姓名、患病信息和医院就诊信息构成。

诠释水印采用数字水印把诊断报告或电子病历隐藏到医学图像中，可以随时提取诊断报告或电子病历，可以成为医疗诊断中的辅助手段。

1.3.6 医学图像数字水印的性能

1) 不可见性

不可见性是医学图像数字水印的严格要求之一。不可见性就是指嵌入医学图像的水印不能被人眼发觉，甚至在嵌入水印时不能改动医学图像的内容。医学图像数字水印的不可见性可以通过可逆水印来实现。

2) 鲁棒性

医学图像数字水印的鲁棒性是其抵抗各种图像处理攻击的能力。在远程医疗和医疗信息系统中，医学图像数字水印应该抵抗恶意攻击，保护医学图像的安全。

3) 容量

在医学图像数字水印中，所有信息，如患者信息、医生诊断信息和治疗情况等都嵌入医学图像中。因此，嵌入的水印容量要能够满足需求。

4) 安全性

由于在医学图像中嵌入的都是有用的信息，必须确保嵌入信息的安全。通常利用置乱的方法对嵌入的信息进行加密。即使水印信息被提取出来，如果没有密钥，也是杂而无序的无用信息。

医学图像数字水印的鲁棒性是由不可见性和容量需求决定的。鲁棒性、不可见性和容量之间的关系如图 1-5 所示。如果一个性能是固定的，那么其他的两个性能是与这个性能成反比的。例如，医学图像数字水印的具体应用需要确定的信息量。对于一个大小为 256×256 像素的医学图像，利用水印进行版权保护需要嵌入约 10bit，进行认证可能需要 100～1000bit。当水印的嵌入容量确定后，就需要在不可见性和鲁棒性之间进行权衡。嵌入水印的医学图像的质量用不可见性来表示。一般地，如果水印具有较高的鲁棒性，嵌入大容量的水印时，医学图像的质量必然下降。

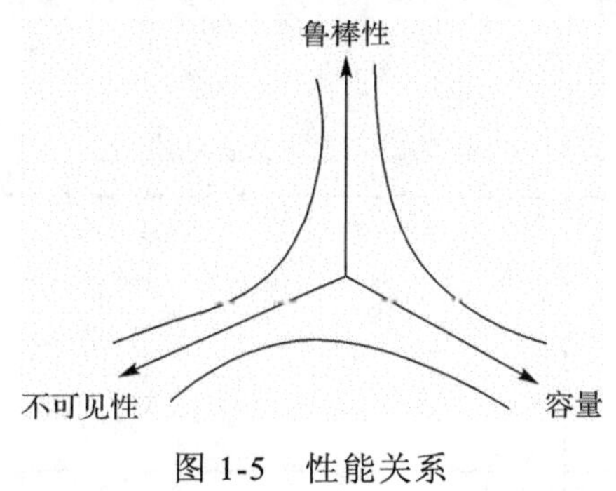

图 1-5　性能关系

1.3.7　医学图像数字水印的评价

目前，对于医学图像数字水印的评价主要依据两种评价标准，分别是主观评价标准和客观评价标准。

1) 主观评价标准

医学图像数字水印具有不可见性，所以嵌入水印后的医学图像和原始医学图像相似程度很高。因此，人们首先使用了主观评价标准。主观评价标准依靠人类的视觉系统，即靠视觉分辨出医学图像变化或失真的程度。表 1-1 给出了基于 ITU-R Rec. BT. 500 协议的质量评定量表。它已经在医学图像数字水印质量评价中使用。然而每个人的情况都不相同，主观评价依赖个人，不同个人给出的评价结果会相差很大。因此，主观评价不太可靠。

表 1-1　质量评定量表

级别	损害	质量
5	不可察觉	优

续表

级别	损害	质量
4	可察觉，让人不讨厌	良
3	让人轻微地讨厌	中
2	让人讨厌	差
1	让人非常讨厌	极差

2) 客观评价标准

为了能更准确、可靠和公正地对医学图像数字水印进行评价，人们研究并制定出了客观评价标准。比较各种医学图像数字水印的度量方法如表 1-2 和表 1-3 所示。

表 1-2 差分失真度量

最大值	$\mathrm{MD}=\max\limits_{m,n}\left\|I_{m,n}-I'_{m,n}\right\|$
平均绝对差	$\mathrm{AD}=\frac{1}{MN}\left\|I_{m,n}-I'_{m,n}\right\|$
平均绝对差范数	$\mathrm{NAD}=\sum\limits_{m,n}\left\|I_{m,n}-I'_{m,n}\right\|\Big/\sum\limits_{m,n}\left\|I_{m,n}\right\|$
均方误差	$\mathrm{MSE}=\frac{1}{MN}\sum\limits_{m,n}(I_{m,n}-I'_{m,n})^2$
归一化均方误差	$\mathrm{NMSE}=\sum\limits_{m,n}(I_{m,n}-I'_{m,n})^2\Big/\sum\limits_{m,n}I_{m,n}^2$
L^p – 范围	$L^p=\left(\frac{1}{MN}\sum\limits_{m,n}\left\|I_{m,n}-I'_{m,n}\right\|^p\right)^{\frac{1}{p}}$
拉普拉斯均方误差	$\mathrm{LMSE}=\sum\limits_{m,n}(\nabla^2 I_{m,n}-\nabla^2 I'_{m,n})^2\Big/\sum\limits_{m,n}(\nabla^2 I_{m,n})^2$ 其中，$\nabla^2 I_{m,n}=I_{m+1,n}+I_{m-1,n}+I_{m,n+1}+I_{m,n-1}-4I_{m,n}$
信噪比	$\mathrm{SNR}=\sum\limits_{m,n}I_{m,n}^2\Big/\sum\limits_{m,n}(I_{m,n}-I'_{m,n})^2$
峰值信噪比	$\mathrm{PSNR}=MN\max\limits_{m,n}I_{m,n}^2\Big/\sum\limits_{m,n}(I_{m,n}-I'_{m,n})^2$
图像保真度	$\mathrm{IF}=1-\sum\limits_{m,n}(I_{m,n}-I'_{m,n})^2\Big/\sum\limits_{m,n}I_{m,n}^2$

表 1-3 相关失真度量

归一化互相关系数	$\mathrm{NC}=\sum\limits_{m,n}I_{m,n}I'_{m,n}\Big/\sum\limits_{m,n}I_{m,n}^2$
相关质量	$\mathrm{CQ}=\sum\limits_{m,n}I_{m,n}I'_{m,n}\Big/\sum\limits_{m,n}I_{m,n}$

注：图像在 (m,n) 处的像素用 $I_{m,n}$ 表示，嵌入水印图像在 (m,n) 处的像素用 $I'_{m,n}$ 表示；M，N 表示图像大小。

表 1-2 给出了常用的差分失真度量。它是根据失真图像与原始图像的差值得到的。表 1-3 给出了失真图像与原始图像的相关失真度量方法。

1.4　本 章 小 结

本章首先详细叙述了医学体数据数字水印的背景和研究意义，然后详细介绍了医学图像数字水印算法的国内外研究现状，最后从各个方面对医学图像数字水印进行了详细介绍。

第2章 相关理论

2.1 混沌神经网络

2.1.1 混沌基本理论

1）混沌的定义

混沌是存在于自然界中的现象[108]。它反映了确定性和随机性、有序和无序之间存在的关系，是非线性动力学所具有的特殊现象，通过确定初值，能把其系统中长期行为和过去的状态演绎出来。尽管混沌表现出混乱无序，但实际是有规则的。混沌是确定性系统，但由于混沌对初始值的敏感性，其规律很难预测。首先发现混沌现象的人是美国气象学家 Lorenz。在 1975 年，Li 和 Yorke 首先提出了混沌这个名词，并给出了混沌的定义，称为 Li-Yorke 定义[109]。

Li-Yorke 定义：区间 I 上的自映射 $f(x)$ 如果满足以下的条件，则可确定 $f(x)$ 有混沌现象。

(1) $f(x)$ 周期点的周期没有上界。

(2) 闭区间 I 中存在不可数子集 R，有任意 $x,y\in R$，当 $x\neq y$ 时，$\limsup\limits_{n\to\infty}\left|f^n(x)-f^n(y)\right|>0$；任意 $x,y\in R$，有 $\liminf\limits_{n\to\infty}\left|f^n(x)-f^n(y)\right|=0$。

(3) 对任意 $x,y\in R$ 及 $f(x)$ 的任意周期点 y，有 $\limsup\limits_{n\to\infty}\left|f^n(x)-f^n(y)\right|>0$。

对于混沌，Devaney 等从另外的角度给出了另一个定义，称为 Devaney 定义[110]。

Devaney 定义：对于在有界闭域 V 上的映射 $f(x)$，如果满足下面的条件，则可确定 $f(x)$ 有混沌现象。

(1) 对初值的敏感性。存在 $\delta>0$，对任意 $x\in V$ 和 x 的任意邻域 S，有 $y\in S$ 和自然数 n，使 $f^n(x)-f^n(y)>\delta$。

(2) 拓扑传递性。对任意两个开集 $U,W\in V$，有自然数 n，使 $f^n(U)\cap W\neq\varnothing$。

(3) 在 V 中有稠密的周期轨道。

2）混沌的特征

从前面的定义可以看出混沌具有以下几个重要特征。

(1)对初值的敏感性。即使是同一个混沌系统，如果初值不相同，即使两个初值相差微小，最终得到的结果也不完全相同，且差异很大，所以不能对混沌信号进行预测。

(2)伪随机性。若能确定混沌系统的参数及初始值，就能产生混沌信号。尽管真随机信号能真正实现“一次一密”加密，但是不能再生，因此并不能正确解密。然而混沌信号具有伪随机性，能避免这个现象，进行“一次一密”加密和解密。

(3)遍历性。通过 Devaney 定义可以看出，不管从何处开始进行迭代，迭代值最终都会充满整个区间。

(4)连续频谱。混沌信号与随机信号一样，都具有连续频谱。

(5)奇怪吸引子。在相空间上，混沌具有几何形状非常复杂和分数维的奇怪吸引子。奇怪吸引子具有正的 Lyapunov 指数。

(6)混沌序列的结构复杂，是非线性序列，分布杂乱无章，无法对其进行分析预测以及重构，在特定条件下，才能重构某些混沌序列。现在，从理论上，还没找到较好的算法。

3) Lyapunov 指数

Lyapunov 指数是指在相空间中相互靠近的两条轨线随着时间的推移，按指数分离或聚合的平均变化速率。它被用来定量描述混沌系统对初始值的敏感性[111]。

一维混沌系统 $x_{n+1}=f(x_n)$ 的 Lyapunov 指数推导如下。

令两个初始点的距离是ϕ，迭代一次后，两点的距离是

$$\phi \mathrm{e}^{\lambda}=\left|f(x_0+\phi)-f(x_0)\right| \tag{2-1}$$

迭代n次后，两点的距离是

$$\phi \mathrm{e}^{n\lambda(x_0)}=\left|f^n(x_0+\phi)-f^n(x_0)\right| \tag{2-2}$$

根据式(2-2)，有

$$\lambda=\frac{1}{n}\ln\frac{\left|f^n(x_0+\phi)-f^n(x_0)\right|}{\phi} \tag{2-3}$$

对式(2-3)取极限，有

$$\begin{aligned}\lambda&=\lim_{n\to\infty}\lim_{\phi\to 0}\frac{1}{n}\ln\frac{\left|f^n(x_0+\phi)-f^n(x_0)\right|}{\phi}\\&=\lim_{n\to\infty}\frac{1}{n}\ln\frac{\left|\mathrm{d}f^n(x_0)\right|}{\mathrm{d}x_0}\end{aligned} \tag{2-4}$$

因为

$$\frac{\mathrm{d}f^n(x_0)}{\mathrm{d}x_0} = \prod_{i=0}^{n-1} f'(x_i) \tag{2-5}$$

所以

$$\lambda = \lim_{n\to\infty}\frac{1}{n}\ln\left|\prod_{i=0}^{n-1} f'(x_i)\right| = \lim_{n\to\infty}\frac{1}{n}\sum_{i=0}^{n-1}\ln\left|f'(x_i)\right| \tag{2-6}$$

式中，λ 是 Lyapunov 指数，它与初始值无关。一维混沌系统有一个 Lyapunov 指数。当 $\lambda>0$ 时，系统为混沌的；当 $\lambda\leqslant 0$ 时，系统则为稳定的。对于多维混沌系统，其 Lyapunov 指数就有多个。

4) 典型的混沌系统

(1) Logistic 映射。Logistic 映射是一类非常简单且被广泛使用的混沌系统，因为其结构形式非常简单而且相对容易实现，目前被广泛地使用[112-114]。它来源于虫口模型。其公式为

$$x(n+1) = \mu x(n)(1-x(n)) \tag{2-7}$$

式中，$x(n)\in(0,1)$；$0<\mu\leqslant 4$ 是分支参数；n 是迭代次数。当 $3.5699456\cdots<\mu\leqslant 4$ 时，Logistic 映射是混沌状态。这就是说，初始值 $x(0)$ 确定后，在 Logistic 映射中产生 $\{x(n),\ n=1,2,3,\cdots\}$ 序列，该序列非常容易受到初始值的影响。$x(0)$ 在 $(0,1)$ 范围内取任何值，利用计算机进行迭代运算，得到如图 2-1 所示的映射分支图。

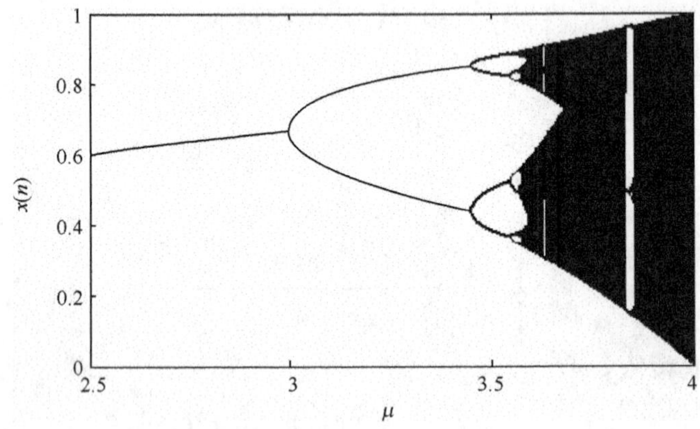

图 2-1　Logistic 映射分支图

(2) Tent 映射。Tent 映射又称为帐篷映射，也是一个被广泛使用的混沌系统。其公式如下：

$$x(n+1)=\begin{cases}\dfrac{x(n)}{\beta}, & 0\leqslant x(n)<\beta\\ \dfrac{1-x(n)}{1-\beta}, & \beta\leqslant x(n)\leqslant 1\end{cases} \tag{2-8}$$

当$\beta\in(0,1)$时，Tent 映射呈现混沌状态，利用 Tent 映射生成的混沌序列具有优良的统计特性[115,116]。利用计算机进行迭代运算，得到如图 2-2 所示的映射分支图。与 Logisitc 映射相比，Tent 映射的迭代速度更快，遍历性更均匀[117]。

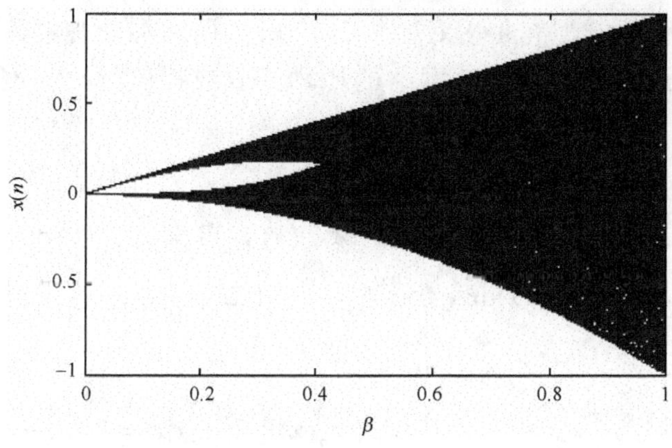

图 2-2 Tent 映射分支图

(3) Henon 映射。Henon 映射是一个二维混沌系统，已被广泛应用。其方程如下：

$$\begin{cases}x(n+1)=1+y(n)-ax^2(n)\\ y(n+1)=bx(n)\end{cases} \tag{2-9}$$

当 a=1.4、b=0.3 时，Henon 映射处于混沌状态。利用计算机进行迭代运算，得到如图 2-3 所示的映射分支图。

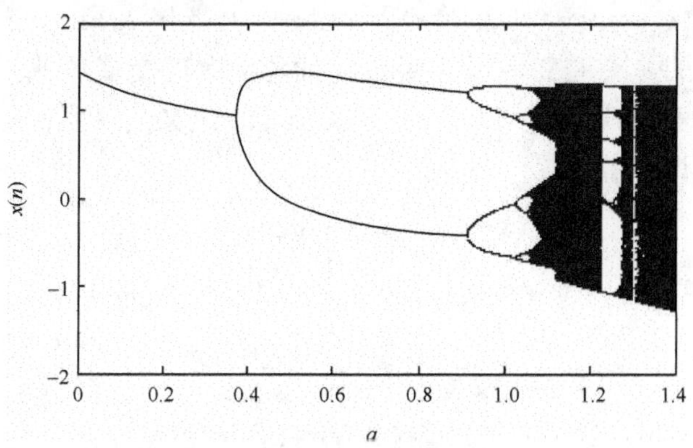

图 2-3 Henon 映射分支图

2.1.2 混沌神经网络建模

显然，混沌和神经网络各有自己的特点，但是从混沌和神经网络的本质上看，它们却具有相同的特性，即具有系统的非线性和状态的模拟性。所以，国内外很多学者都将混沌和神经网络结合起来进行研究[118,119]。利用神经网络的自适应学习和大规模并行计算等，以及混沌对初始值的敏感性和伪随机性等，将它们相互结合构成混沌神经网络，可实现快速有效的信息处理[120,121]。

混沌神经网络的类型有很多种[122]。本书所采用的混沌神经网络是利用现有的神经网络进行构造的。通过修改网络的激励函数或权值，改变网络的工作原理，形成混沌网络。

1) 正交多项式基函数

定义 2.1　定义在区间$[a,b]$上的函数$\rho(x)$，若满足：① $\rho(x)\geqslant 0$，$x\in[a,b]$；② $\int_a^b \rho(x)\mathrm{d}x\geqslant 0$；③ $\int_a^b x^n\rho(x)\mathrm{d}x\geqslant 0$存在，$n=1,2,3,\cdots,L$，则$\rho(x)$称为区间$[a,b]$上的权函数。

定义 2.2　对于$a_n\neq 0$的n次多项式$g_n(x)=\sum_{i=0}^{n}a_i x^i\ (n=0,1,2,\cdots)$，若满足以下内积关系：

$$
\begin{aligned}
(g_l(x),g_k(x)) &= \int_a^b \rho(x)g_l(x)g_k(x)\mathrm{d}x \\
&= \begin{cases} 0, & l\neq k \\ \int_a^b \rho(x){g_k}^2(x)\mathrm{d}x>0, & l=k \end{cases}
\end{aligned} \tag{2-10}
$$

则称多项式序列$\{g_n(x),n=0,1,2,\cdots\}$在区间$[a,b]$上带权$\rho(x)$正交，且$g_n(x)$称为区间$[a,b]$带权$\rho(x)$的$n$次正交多项式函数，简称$n$次正交多项式。

定理 2.1　根据n次正交多项式，由式(2-10)定义的次数相邻的三个正交多项式，有以下的递推关系式：

$$g_{k+1}(x)=(x-\beta_k)g_k(x)-\gamma_k g_{k-1}(x),\quad k=2,3,\cdots \tag{2-11}$$

式中，

$$\beta_k=\frac{\int_a^b x\rho(x)g_k^2(x)\mathrm{d}x}{\int_a^b \rho(x)g_k^2(x)\mathrm{d}x} \tag{2-12}$$

$$\gamma_k=\frac{\int_a^b \rho(x)g_k^2(x)\mathrm{d}x}{\int_a^b \rho(x)g_{k-1}^2(x)\mathrm{d}x} \tag{2-13}$$

推论 2.1　对于由定义 2.2 定义的正交多项式 $g_n(x)$，有以下递推关系式：

$$g_{k+1}(x)=\frac{a_{k+1}}{a_k}(x-\beta_k)\ g_k(x)-\frac{a_{k+1}a_{k-1}}{a_k^2}\gamma_k g_{k-1}(x),\ k=2,3,\cdots \tag{2-14}$$

式中，β_k 与式(2-12)相同；γ_k 与式(2-13)相同。

2) 最佳逼近理论

定理 2.2　令目标函数 $f(x)$ 在 $[0,1]$ 上有界，有

$$\lim_{n\to\infty} B_n(f,x)=f(x) \tag{2-15}$$

在任意 $f(x)$ 的连续点 $x\in(0,1)$ 成立；若 $f(x)\in C[0,1]$，则极限在 $[0,1]$ 上一致成立。

定义 2.3　令目标函数 $f(x)\in C[a,b]$，有广义多项式：

$$P_n(x)=\sum_{i=0}^{n} w_i g_i(x) \tag{2-16}$$

做最佳均方逼近，即寻找合适的多项式系数 $w_i=(i=0,1,\cdots,n)$ 使下面误差平方的积分最小：

$$E=\int_a^b \rho(x)[f(x)-P_n(x)]^2\,\mathrm{d}x\to\min \tag{2-17}$$

式中，$\rho(x)$ 是定义 2.1 所定义的权函数；$g_i(x)$ 是正交多项式。

定义 2.4　令 $\{e_k(x)\}$ 是线性赋范 F 中的函数系，则 $\{e_k(x)\}$ 的前 $n+1$ 项的线性组合：

$$P_n(x)=\sum_{k=0}^{n} w_k e_k(x) \tag{2-18}$$

是 $\{e_k(x)\}$ 的 n 次多项式。

定理 2.3　令 $f(x)\in F$，F 是一个线性赋范空间。函数系 $\{e_k(x),\ k=0,1,2,\cdots,n\}$ 是 F 中的线性无关，则存在 $f(x)$ 关于 $e_k(x)$ 的最佳逼近多项式。

定理 2.4　令 $f(x)\in C[a,b]$，利用式(2-16)定义的最佳均方逼近多项式能一致逼近目标函数 $f(x)$，即

$$f(x)=\lim_{n\to\infty} P_n(x) \tag{2-19}$$

式中，

$$P_n(x)=\sum_{i=0}^{n}w_i g_i(x)$$

根据定理 2.4 和式(2-16)建立神经网络模型。令该混沌神经网络输入层有 m 个神经元，隐层有 n 个神经元，输出层有 1 个神经元，w_{ij} 是输入层至隐层的权值，隐层与输出层之间的权值是 c_j。因为输入层神经元的激励函数是恒等映射，输出层神经元的激励函数也是恒等映射，所以神经元的全部阈值都是 0。一组正交基函数被用来作为各隐层神经元的激励函数，这组正交基函数由式(2-11)或式(2-14)定义。若学习样本采用混沌序列，则可以建立一种多输入单输出的混沌神经网络模型，如图 2-4 所示。一般多输入多输出神经网络可以由多输入单输出神经网络得到。

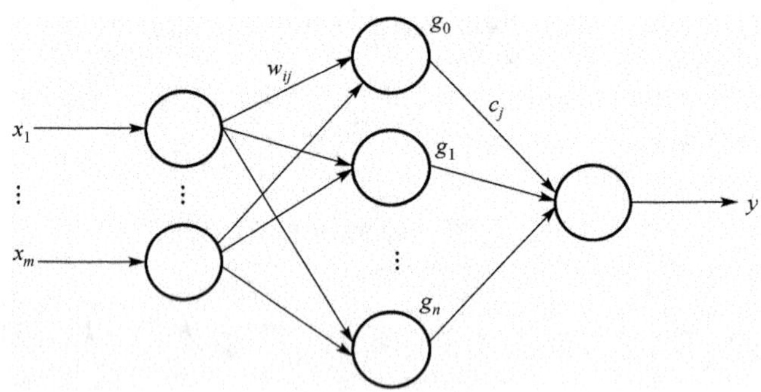

图 2-4 混沌神经网络模型

隐层神经元输入：

$$O_j=\sum_{i=1}^{m}w_{ij}x_i,\quad j=0,1,\cdots,n-1 \tag{2-20}$$

这组正交多式项 $g_j(O_j),j=0,1,\cdots,n-1$ 是隐层神经元输出，可由式(2-11)或式(2-14)递推求得。

网络输出为

$$y=\sum_{j=0}^{n-1}c_j g_j(O_j) \tag{2-21}$$

令训练样本是 (T_t,d_t)，$T_t=(x_{1t},x_{2t},\cdots,x_{mt})$，$t=1,2,\cdots,l$。$T_t=(x_{1t},x_{2t},\cdots,x_{mt})$ 是混沌神经网络的输入，d_t 是混沌神经网络的期望输出。采用 BP(back propagation)学习算法对网络进行训练。

设误差：

$$e_t = d_t - y_t \tag{2-22}$$

则网络训练指标为

$$E = \frac{1}{2}\sum_{t=1}^{l} e_t^{\ 2} \tag{2-23}$$

网络权值调整公式如下：

$$\Delta c_j = -\eta \frac{\partial E}{\partial c_j} = \eta e_t g_j\left(O_j\right) \tag{2-24}$$

$$\Delta w_{ij} = -\eta \frac{\partial E}{\partial w_{ij}} = \eta e_t c_j g_j'(O_j) x_i \tag{2-25}$$

$$\begin{cases} w_{ij}(k+1) = w_{ij}(k) + \Delta w_{ij}(k) \\ c_j(k+1) = c_j(k) + \Delta c_j(k) \end{cases} \tag{2-26}$$

式中，k 是训练次数；学习率 $0<\eta<1$；$i=1,2,\cdots,m$；$j=1,2,\cdots,n$；$t=1,2,\cdots,l$。

网络的具体训练步骤如下。

(1) 确定网络的结构、各层神经元数目及各网络参数，令 $n\geqslant 3$，学习率 $0<\eta<1$，误差参数为 ε，训练样本集 (T_t,d_t)，$T_t=(x_{1t},x_{2t},\cdots,x_{mt})$，$t=1,2,\cdots,l$。

(2) 初始化权值 $w_{ij}(0)$ 和 $c_j(0)$，令 E=0，$t=1$，k=0。

(3) 计算：

$$O_j = \sum_{i=1}^{m} w_{ij} x_t$$

$$y_t = \sum_{j=0}^{n-1} c_j g_j(O_j)$$

$$e_t = d_t - y_t$$

$$E \leftarrow E + \frac{1}{2} e_t^{\ 2} \tag{2-27}$$

(4) 修正权值：

$$\Delta c_j = -\eta \frac{\partial E}{\partial c_j} = \eta e_t g_j(O_j)$$

$$\Delta w_{ij} = -\eta \frac{\partial E}{\partial w_{ij}} = \eta e_t c_j g_j{}'(O_j) x_i$$

$$\begin{cases} w_{ij}(k+1) = w_{ij}(k) + \Delta w_{ij}(k) \\ c_j(k+1) = c_j(k) + \Delta c_j(k) \end{cases}$$

(5) $t \leftarrow t+1$，若 $t<l$，则返回步骤(3)，否则进行步骤(6)。

(6) 当 $E \leqslant \varepsilon$ 时，结束训练。否则 $E=0$，$t=1$，$k \leftarrow k+1$，返回步骤(3)。

2.2 离散变换

2.2.1 离散傅里叶变换

离散傅里叶变换在信号分析和处理发展中起着重要的作用。快速傅里叶变换算法的出现，有力地促进了信号分析和处理的发展。由于具有确定的物理意义，离散傅里叶变换广泛地应用在信号分析和处理的很多领域中。

1) 一维离散傅里叶变换

令 $f(x)$ 是 x 的函数，并令 x 为时域变量，u 为频域变量。当 $f(x)$ 达到 Dirichlet 条件时，有 $f(x)$ 的傅里叶变换：

$$F(u) = \sum_{x=0}^{N-1} f(x)\,\mathrm{e}^{-\mathrm{j}2\pi ux/N}, \quad u = 0,1,\cdots,N-1 \tag{2-28}$$

其逆变换是

$$f(x) = \frac{1}{N}\sum_{u=0}^{N-1} F(u)\,\mathrm{e}^{\mathrm{j}2\pi ux/N}, \quad x = 0,1,\cdots,N-1 \tag{2-29}$$

2) 二维离散傅里叶变换

对于 $M \times N$ 的图像 $f(x,y)$，当其满足 Dirichlet 条件时，二维离散傅里叶变换是

$$F(u,v) = \sum_{x=0}^{M-1}\sum_{y=0}^{N-1} f(x,y)\mathrm{e}^{-\mathrm{j}(2\pi/M)xu}\mathrm{e}^{-\mathrm{j}(2\pi/N)yv}, \quad u = 0,1,\cdots,N-1,\ v = 0,1,\cdots,N-1 \tag{2-30}$$

其逆变换是

$$f(x,y) = \frac{1}{MN}\sum_{u=0}^{M-1}\sum_{v=0}^{N-1} F(u,v)\mathrm{e}^{\mathrm{j}(2\pi/M)xu}\mathrm{e}^{\mathrm{j}(2\pi/N)yv}, \quad x = 0,1,\cdots,M-1,\ y = 0,1,\cdots,N-1 \tag{2-31}$$

式中，x、y 是空间域的值；u、v 是频域的值；$F(u,v)$ 是 $f(x,y)$ 的变换系数。

经过二维离散傅里叶变换后，图像平缓区域的变化由低频系数表示，图像的

细节部分由高频系数表示。图 2-5 是一个医学图像进行二维离散傅里叶变换后的结果。

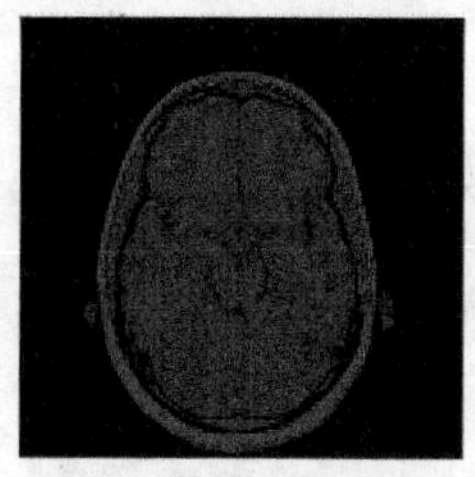
(a)原始医学图像

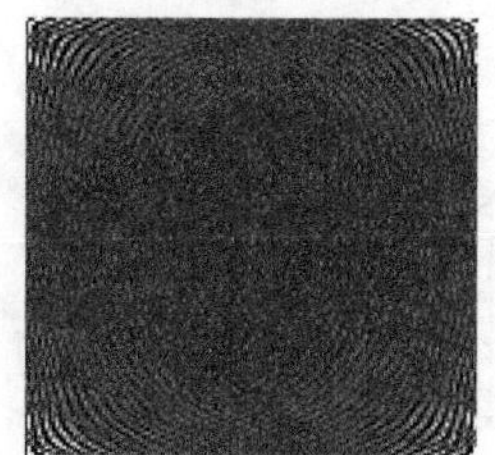
(b)傅里叶域图像

图 2-5 医学图像的二维离散傅里叶变换

二维离散傅里叶变换的性质决定了其非常适合对图像进行处理。二维离散傅里叶变换的主要性质如表 2-1 所示。

表 2-1 二维离散傅里叶变换的主要性质

性质	频域	空间域
加法定理	$F(u,v)+G(u,v)$	$f(x,y)+g(x,y)$
移位定理	$\mathrm{e}^{-\mathrm{j}2\pi(au+bv)}F(u,v)$	$f(x-a,y-b)$
相似性定理	$\frac{1}{\lvert ab\rvert}F\left(\frac{u}{a},\frac{v}{b}\right)$	$f(ax,by)$
可分离乘积	$F(u)G(v)$	$f(x)g(y)$
微分	$(\mathrm{j}2\pi u)^m(\mathrm{j}2\pi v)^n F(u,v)$	$\left(\frac{\partial}{\partial x}\right)^m\left(\frac{\partial}{\partial y}\right)^n f(x,y)$
旋转	$F(u\cos\theta+v\sin\theta,-u\sin\theta+v\cos\theta)$	$f(x\cos\theta+y\sin\theta,-x\sin\theta+y\cos\theta)$
拉普拉斯变换	$-4\pi^2(u^2+v^2)F(u,v)$	$\nabla^2 f(x,y)=\frac{\partial^2}{\partial x^2}f(x,y)+\frac{\partial^2}{\partial y^2}f(x,y)$

3)三维离散傅里叶变换

对于$M\times N\times P$的体数据$f(x,y,z)$，当其满足 Dirichlet 条件时，其三维离散傅里叶变换是

$$F(u,v,w)=\sum_{x=0}^{M-1}\sum_{y=0}^{N-1}\sum_{z=0}^{P-1}f(x,y,z)\mathrm{e}^{-\mathrm{j}(2\pi/M)xu}\mathrm{e}^{-\mathrm{j}(2\pi/N)yv}\mathrm{e}^{-\mathrm{j}(2\pi/P)zw},$$

$$u=0,1,\cdots,M-1,\ v=0,1,\cdots,N-1,\ w=0,1,\cdots,P-1 \tag{2-32}$$

其逆变换是

$$f(x,y,z)=\frac{1}{MNP}\sum_{u=0}^{M-1}\sum_{v=0}^{N-1}\sum_{w=0}^{P-1}F(u,v,w)\mathrm{e}^{\mathrm{j}(2\pi/M)xu}\mathrm{e}^{\mathrm{j}(2\pi/N)yv}\mathrm{e}^{\mathrm{j}(2\pi/P)zw}, \tag{2-33}$$

$$x = 0,1,\cdots,M-1,\ y = 0,1,\cdots,N-1,\ z = 0,1,\cdots,P-1$$

图 2-6 是一个医学体数据进行三维离散傅里叶变换后的结果。

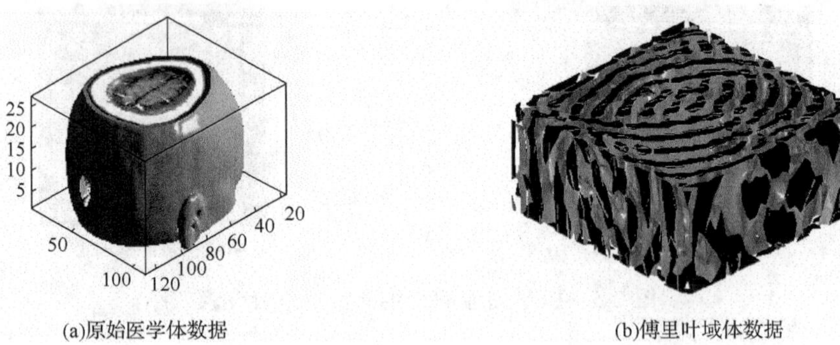

(a)原始医学体数据　(b)傅里叶域体数据

图 2-6　医学体数据的三维离散傅里叶变换

2.2.2　离散余弦变换

离散余弦变换被广泛应用在信息处理领域。它是有损图像压缩的核心，具有较快的计算速度，精确度高，在图像处理方面拥有非常重要的地位。

1) 一维离散余弦变换

令 $f(x)$， $x = 0,1,\cdots,N-1$ 是一维离散信号，其一维离散余弦变换是

$$F(u) = c(u)\sum_{x=0}^{N-1} f(x)\cos\frac{\pi(2x+1)u}{2N},\quad u = 0,1,\cdots,N-1 \tag{2-34}$$

式中， $c(u) = \begin{cases} \sqrt{1/N}, & u = 0 \\ \sqrt{2/N}, & u = 1,2,\cdots,N-1 \end{cases}$ 。

其一维离散余弦逆变换是

$$f(x) = \sum_{u=0}^{N-1} c(u)F(u)\cos\frac{\pi(2x+1)u}{2N},\quad x,u = 0,1,\cdots,N-1 \tag{2-35}$$

2) 二维离散余弦变换

对于 $M \times N$ 的图像 $f(x,y)$，其二维离散余弦变换是

$$F(u,v) = c(u)c(v)\sum_{x=0}^{M-1}\sum_{y=0}^{N-1} f(x,y)\cos\frac{\pi(2x+1)u}{2M}\cos\frac{\pi(2y+1)v}{2N},$$

$$u = 0,1,\cdots,M-1,\ v = 0,1,\cdots,N-1 \tag{2-36}$$

$$c(u)=\begin{cases}\sqrt{1/M}, & u=0\\ \sqrt{2/M}, & u=1,2,\cdots,M-1\end{cases},\quad c(v)=\begin{cases}\sqrt{1/N}, & v=0\\ \sqrt{2/N}, & v=1,2,\cdots,N-1\end{cases}$$

其二维离散余弦逆变换是

$$f(x,y)=\sum_{u=0}^{M-1}\sum_{v=0}^{N-1}c(u)c(v)F(u,v)\cos\frac{\pi(2x+1)u}{2M}\cos\frac{\pi(2y+1)v}{2N},\quad (2\text{-}37)$$

$$x=0,1,\cdots,M-1,\ y=0,1,\cdots,N-1$$

图 2-7 为对一个医学图像进行二维离散余弦变换的结果，其主要特征集中在变换后的图像的左上角区域。

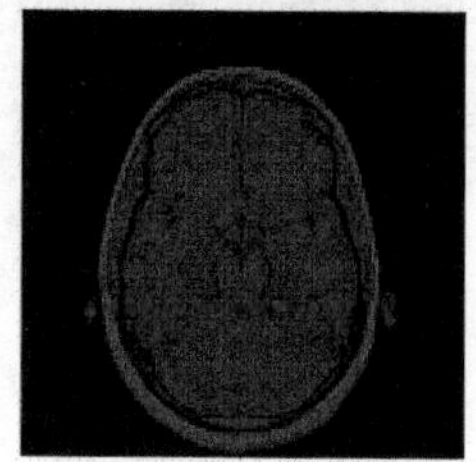

(a)原始医学图像

(b)余弦域图像

图 2-7 医学图像的二维离散余弦变换

3)三维离散余弦变换

对于 $M\times N\times P$ 的体数据 $f(x,y,z)$，其三维离散余弦变换是

$$\begin{aligned}F(u,v,w)=&c(u)c(v)c(w)\sum_{x=0}^{M-1}\sum_{y=0}^{N-1}\sum_{z=0}^{P-1}f(x,y,z)\\&\times\cos\frac{(2x+1)u\pi}{2M}\cos\frac{(2y+1)v\pi}{2N}\cos\frac{(2z+1)w\pi}{2P},\end{aligned}\quad (2\text{-}38)$$

$$u=0,1,\cdots,M-1,\ v=0,1,\cdots,N-1,\ w=0,1,\cdots,P-1$$

式中，

$$c(u)=\begin{cases}\sqrt{1/M}, & u=0\\ \sqrt{2/M}, & u=1,2,\cdots,M-1\end{cases},\quad c(v)=\begin{cases}\sqrt{1/N}, & v=0\\ \sqrt{2/N}, & v=1,2,\cdots,N-1\end{cases},$$

$$c(w)=\begin{cases}\sqrt{1/P}, & w=0\\ \sqrt{2/P}, & w=1,2,\cdots,P-1\end{cases}$$

其三维离散余弦逆变换是

$$f(x,y,z)=\sum_{u=0}^{M-1}\sum_{v=0}^{N-1}\sum_{w=0}^{P-1}c(u)c(v)c(w)F(u,v,w) \times\cos\frac{(2x+1)u\pi}{2M}\cos\frac{(2y+1)v\pi}{2N}\cos\frac{(2z+1)w\pi}{2P} \tag{2-39}$$

这里，$F(u,v,w)$是三维离散余弦变换的系数。图 2-8 是一个医学体数据进行三维离散余弦变换后的结果。

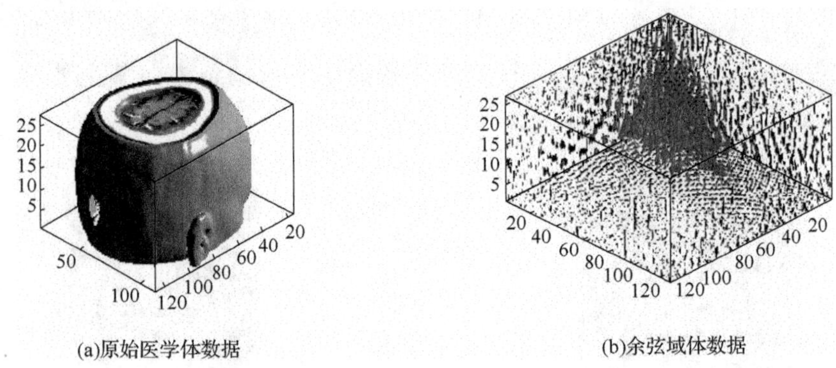

(a)原始医学体数据　　(b)余弦域体数据

图 2-8　医学体数据的三维离散余弦变换

2.2.3　离散小波变换

1996 年，Sweldens 提出了小波变换的思想。由于它具有随频率改变的“时间-频率”窗口，其被用来进行信号时频分析和处理。它能够根据信号分析的要求，进行局部化分析。为了计算离散的位移和尺度，把连续小波离散化称为离散小波变换，即只对连续伸缩因子与平移因子进行离散化，并不对时间变量进行离散化。

1) 一维离散小波变换

令基小波为Ψ，伸缩因子为a，平移因子为b。对这两个因子进行离散化，即令$a=2^j, j>0, j\in Z$；$b=kT_s2^j$，T_s为采样间隔。则离散小波函数是

$$\Psi_{j,k}(t)=2^{-\frac{j}{2}}\Psi(2^{-j}-k) \tag{2-40}$$

则其变换系数是

$$C_{j,k}=\int x(t)\Psi_{j,k}^{*}(t)\mathrm{d}t \tag{2-41}$$

其重构公式是

$$x(t)=C\sum_{-\infty}^{+\infty}\sum_{-\infty}^{+\infty}C_{j,k}\varPsi_{j,k}(t) \tag{2-42}$$

式中，C 是常数，与信号无关。

所以，一维离散小波变换是

$$\mathrm{WT}_x(j,k)=\int x(t)\varPsi_{j,k}^{*}(t)\mathrm{d}t \tag{2-43}$$

其逆变换是

$$x(t)=\sum \mathrm{WT}_x(j,k)\varPsi_{j,k}(t) \tag{2-44}$$

2）二维离散小波变换

根据一维离散小波变换，可推广到二维离散小波变换。在二维离散小波变换情况下，令 $\varphi(x,y)$ 为二维尺度函数，只讨论尺度函数是可以分离的情况，有

$$\varphi(x,y)=\varphi(x)\varphi(y) \tag{2-45}$$

式中，$\varphi(x)$ 是一维尺度函数。

利用二维离散小波变换对图像进行变换，其变换的本质是多分辨率的分解，具体而言就是对图像的不同频率和空间进行分解，这些频率和空间都有其对应的子图像，本书用 LL 来表示低频子带，同样地，HL、LH 和 HH 分别表示水平子带、垂直子带和对角子带(这四个大写字母组合都指代频率，其主要区别在于首字母代表水平方向，而第二个字母则代表垂直方向)。如果继续对其进行二维离散小波变换，则在左上角的低频子带 LL 继续按照上面的方式进行，以此类推。二维离散小波分解如图 2-9 所示。

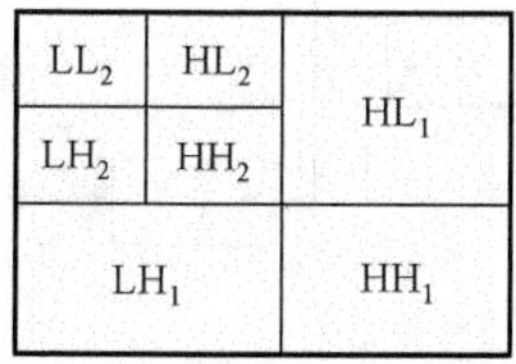

图 2-9 二维离散小波分解

对一个医学图像进行二维离散小波变换，分解后的图像如图 2-10 所示。从图 2-10 中可看出，医学图像的大部分能量集中在低频子带 LL 中，它被称为原始医学图像的逼近子图。其他三个子带具有原始医学图像的水平边缘细节、垂直边缘细节和对角边缘细节，代表细节特性，称为细节子图。

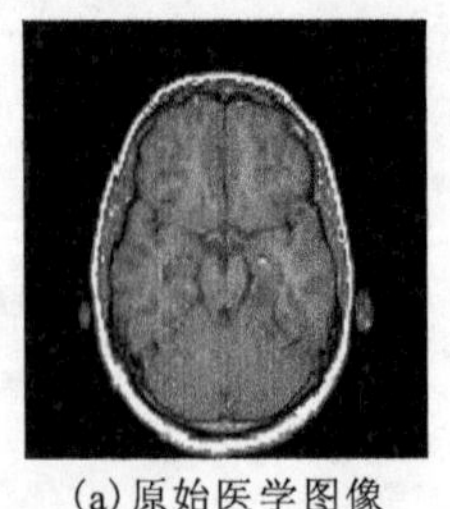

(a) 原始医学图像

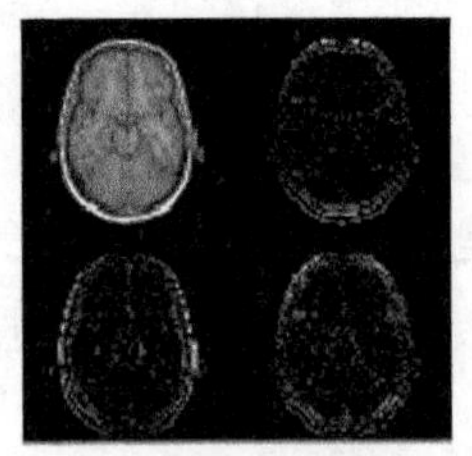

(b) 小波域图像

图 2-10　医学图像的二维离散小波变换

3) 三维离散小波变换

利用三维离散小波变换对三维体数据进行变换，即对体数据做多分辨率分解，将体数据分解成 X、Y、Z 不同方向上的子体数据，经过变换后，体数据被分割成八个频带。三维离散小波变换的一层分解如图 2-11 所示。

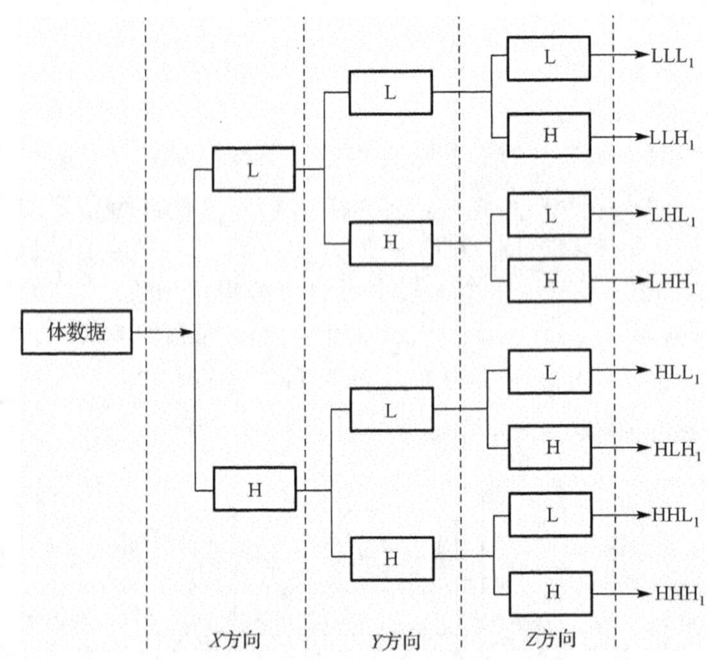

图 2-11　三维离散小波变换的一层分解

通过低频和高频滤波后得到的体数据的高频成分与低频成分分别用 L 和 H 表示。利用三维离散小波变换对体数据变换后，体数据被分解成代表低频信息的“近似系数” LLL_1 和代表高频信息的“细节系数”。第一层分解用下标“1”表示。一个医学体数据进行三维离散小波变换（一层）后的结果如图 2-12 所示。

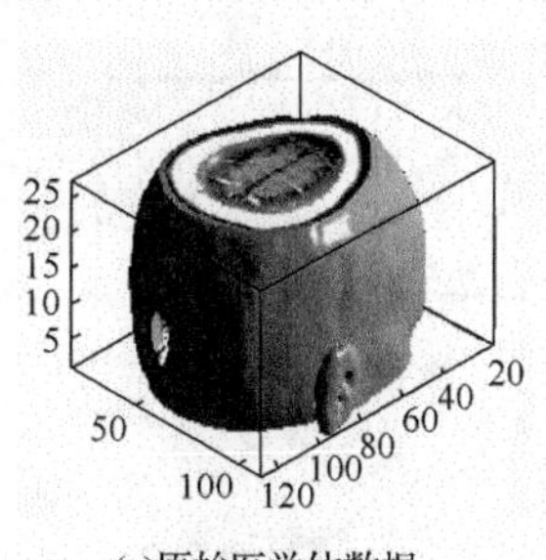

(a)原始医学体数据

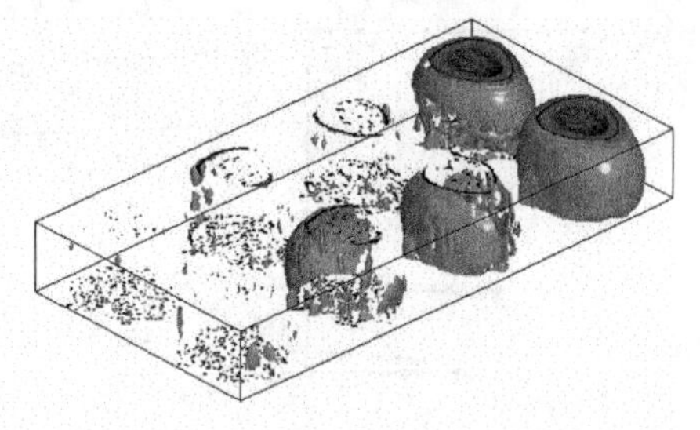

(b)小波域体数据

图 2-12 医学体数据的三维离散小波变换

2.3 图像感知哈希

感知哈希的研究是在图像水印技术基础上开始的，也参考了传统密码学哈希和多媒体认证的基础理论[123]，其已成为多媒体处理及安全等相关研究领域的热点[124-127]。利用感知哈希可以把多媒体数据转换为长度较短的比特序列。感知哈希给多媒体数字内容的保护、识别、认证等应用带来了可以信赖的技术保障[128-130]。

1) 图像感知哈希的定义

感知哈希被认为是一种从多媒体数据集到感知内容哈希值的单向映射，也就是用一段简短的数字摘要唯一地代表具有相同感知内容的多媒体数据，这个数字摘要被称为感知哈希值，所以映射过程也被称为哈希值产生的过程。它是由式(2-46)来实现的：

$$\text{Hash} = H(I,K) \tag{2-46}$$

式中，Hash 是哈希序列值，大多数是使用二进制序列。感知哈希函数用 H 来表示，图像用 I 来表示，加密密钥用 K 来表示。

感知哈希的映射模型如图 2-13 所示。从图 2-13 中可以看到，通过映射后，数据明显减少，但原始数据集的特征 A 和 B 被包含在映射后的数据摘要集中。

图像感知哈希值的产生流程如图 2-14 所示。从图 2-14 中可以看出，图像特征提取是图像感知哈希算法的基础。

2) 图像感知哈希的性质

图像感知哈希具有唯一性、鲁棒性、单向性、摘要性等性质。

令 m 、 n 是图像信息集 M 中的元素， h_m 、 h_n 是哈希值集 H 中的元素，信息熵是 HS()，感知哈希函数是 $H()$， dis() 是 M 中的几何距离， M 中的感知距离是 disp()，感知阈值为 T_p，判断阈值为 δ，时间发生的概率是 $P()$， K 是密钥。

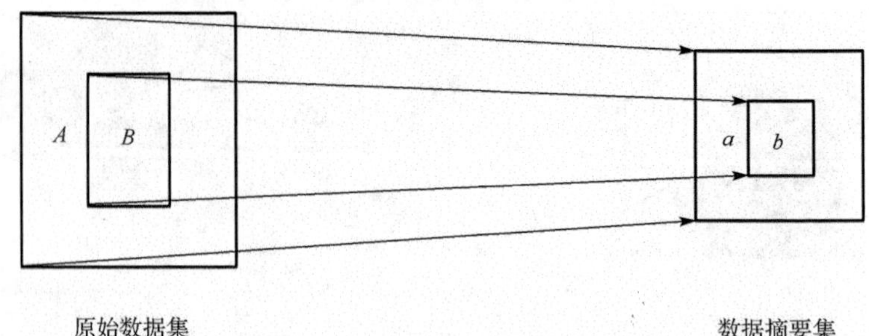

图 2-13　感知哈希的映射模型

图 2-14　图像感知哈希值的产生流程

(1) 唯一性。

$$\begin{aligned}&\forall m,n\in M\\&A=\{(m,n):\mathrm{disp}(m,n)>T_p\text{且}\mathrm{dis}(h_m,h_n)<\delta\}\\&\Rightarrow P(A)\approx 0\end{aligned}\tag{2-47}$$

这里有

$$\mathrm{disp}(m,m_1)=\mathrm{Match}(m,m_1)=\mathrm{Match}(h,h_1)\tag{2-48}$$

式中，Match() 是感知距离计算公式，从两个对象中提取的感知哈希序列分别用 h 和 h_1 来表示。由于感知哈希值是二进制序列，其感知距离就是汉明距离，即

$$\mathrm{disp}(m,m_1)=\sum_{k=1}^{N}\left|h(k)-h_1(k)\right|\tag{2-49}$$

式中，N 是进行匹配的两个感知哈希序列 h 和 h_1 的长度。

图像感知哈希的唯一性是指通过感知哈希函数处理，不同图像得到的感知哈希值不同。

(2) 鲁棒性。令 $O_{kp}()$ 是图像内容的处理函数，$m_1=O_{kp}(m)$，$h_1=H(m_1)$，则可以得到如下关系：

$$\begin{aligned}&\forall m,m_1\in M\\&B=\{(m,m_1):\mathrm{disp}(m,m_1)<T_p\text{且}\mathrm{dis}(h_m,h_n)<\delta\}\\&\Rightarrow P(B)\approx 1\end{aligned}\tag{2-50}$$

图像感知哈希的鲁棒性是指通过感知哈希函数处理，相同的图像会产生相同的感知哈希值，并且经过各种图像处理或攻击之后，可以通过感知哈希值来判断是否为原始图像，内容相同或相似的图像，其感知哈希值相同或相似。

(3) 单向性。设 m 的信息熵是 $\mathrm{HS}(m)$，是 $\mathrm{HS}(m|h_m)$ 为已知 h_m 时的条件熵，则

$$\begin{aligned}&\forall m\in M,\\&h_m=H(m)\\&\Rightarrow \mathrm{HS}(m|h_m)=\mathrm{HS}(m)\end{aligned} \tag{2-51}$$

图像感知哈希的单向性是指只能通过图像映射出感知哈希值，而不能通过感知哈希值得到图像。

(4) 摘要性。一般希望产生的感知哈希序列的长度尽可能短，以便于存储、传输和其他操作。在实际过程中，通常根据需要将任意长度的图像数据生成固定长度的感知哈希值。

由以上性质可以看出，图像感知哈希的鲁棒性和唯一性完全符合医学图像数字水印的要求，因此可以利用医学图像感知哈希的鲁棒性和唯一性来构造水印。

3) 图像感知哈希的分类

图像感知哈希有许多不同的分类，这里依据不同的图像特征提取方法，把图像感知哈希分成三类：基于图像统计特性的图像感知哈希、基于图像变换系数关系的图像感知哈希、基于图像原始属性的图像感知哈希。

(1) 基于图像统计特性的图像感知哈希。Schneider 和 Chang 提出了一种图像感知哈希算法，利用图像分块的亮度特性产生感知哈希值，图像亮度对轻微扰动具有鲁棒性，但攻击者不需要改动图像亮度和统计特性，就能篡改图像内容[131]。Weng 和 Preneel 提出了一种利用图像分块的不同的统计特性产生感知哈希值的算法[132]。在图像直方图的基础上，Xiang 等提出了一种图像感知哈希算法，该算法提高了抗高斯噪声攻击的鲁棒性，对图像旋转也具有鲁棒性[133]。

(2) 基于图像变换系数关系的图像感知哈希。Lin 和 Chang 提出了一种基于图像的分块离散余弦变换系数的图像感知哈希算法。该算法利用了不同图像块相同位置的离散余弦变换系数对 JPEG 压缩的不变性，所以该算法能抵抗源于恶意篡改的 JPEG 压缩[134]。Swaminathan 等提出了一种基于傅里叶-梅林系数的抗几何变形的图像感知哈希算法，该算法对图像缩放、旋转和其他几何变换具有鲁棒性[135]。Wu 等提出了一种基于 Radon 和小波变换的图像感知哈希算法[136]。

(3) 基于图像原始属性的图像感知哈希。利用图像形状作为不变特征，Dittmann 等提出了基于边缘检测的图像认证感知哈希算法，当不改变图像形状时，该算法具有鲁棒性，但是其不能抵抗来自于恶意篡改者的有损压缩[137]。Monga 提出了一种使用图像特征不变点的感知哈希算法，该算法能抵抗图像旋转攻击[138]。

这三类图像感知哈希算法的特点和缺点如表 2-2 所示。

表 2-2　图像感知哈希算法的比较

类型	特点	缺点
基于图像统计特性的图像感知哈希	将均值、方差、矩和其他统计特性作为不变量	不能够分辨具有相同统计特性的图像，不能定位篡改的位置(因为统计特性反映图像的整体特性)
基于图像变换系数关系的图像感知哈希	提取图像变换系数关系的不变特征产生感知哈希值	计算复杂、对图像篡改不敏感、不能抵抗几何攻击
基于图像原始属性的图像感知哈希	基于图像原始属性，如形状、颜色、纹理等	对分辨率下降、压缩等操作非常脆弱

2.4　本 章 小 结

本章首先从混沌基本理论和混沌神经网络建模两个方面详细地介绍了混沌神经网络的理论知识，其次介绍了本书所提出的水印算法所用到的离散变换的理论知识，最后从定义、性质和分类三个方面介绍了图像感知哈希。本章为基于混沌神经网络的医学体数据水印算法提供了数学理论基础。

第3章　基于Legendre混沌神经网络的抗几何攻击的水印算法

3.1　引　　言

在现代卫生保健系统中，医院信息系统(hospital information system，HIS)、PACS 等是医院信息技术基础设施。医疗信息系统的进步正在改变患者信息的存储、访问和传递方式。医学图像需要被保护，以免医学图像的信息被未授权者修改或破坏。常用的保护医学图像的措施有数据加密和数字水印等。

传输过程中，数据加密用在互联网上保护敏感数据，它通过数字签名的形式，也用来保护医学图像。数字签名存在的问题就是它需要在一个单独的文件或在医学图像头文件中与医学图像一起发送。传输过程中，有丢失数字签名的风险。如果将医学图像转换成另一种不允许头文件的图像格式，则数字签名会丢失。医学图像数字水印是把相关信息，如数字签名和患者信息，作为水印嵌入医学图像中。目前，医学图像数字水印还没有统一的标准。医学图像被存储之前，已经被使用在实际的医学诊断中，并且医学图像的重要部分已经被参与诊断的医生确定了。重要的部分称为 ROI。这个区域包含了患者的病理信息，不能被破坏，否则会影响医生的诊断。因此，通常把水印嵌入医学图像 RONI。但是医学图像 RONI 的分割需要花费大量的时间和精力，有时候还会受到其他因素的影响。另外，随着医疗成像技术的发展，医疗设备产生的大量医学图像，大部分都是三维医学体数据，因此医学体数据的安全性至关重要。

针对以上问题，本章提出将一种基于 Legendre 混沌神经网络的抗几何攻击的水印算法应用到医学体数据中。它在三维傅里叶变换域利用差异感知哈希算法构造零水印，对几何攻击具有良好的鲁棒性。使用混沌神经网络对水印进行置乱，进行二次保护，增强了算法的安全性。该算法能保护医学体数据，且避免了嵌入水印对医学体数据的影响。

3.2　Legendre 混沌神经网络

在水印嵌入前，需要对水印进行置乱，置乱的主要目的是提高水印的鲁棒性和增强水印的安全性。常用的置乱算法有 Arnold、骑士巡游、Hilbert 曲线和幻方置乱等。本章采用 Legendre 混沌神经网络产生的混沌序列进行置乱。Legendre 混沌神经网络结构如图 3-1 所示。混沌序列的产生由混沌神经网络的权值和混沌初始值确定。该 Legendre 混沌神经网络采用 Legendre 多项式作为隐层神经元的激励函数。

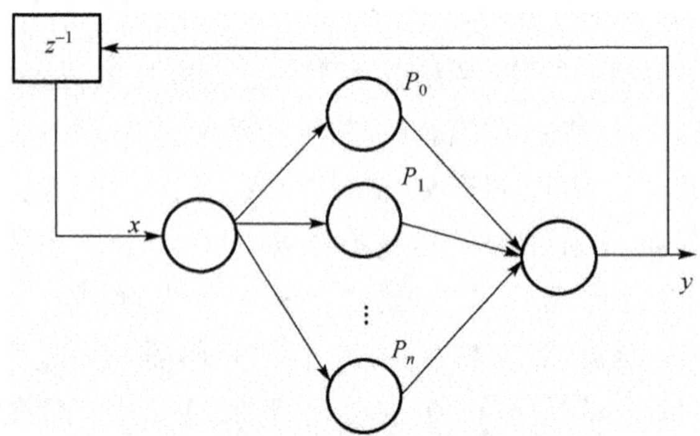

图 3-1　Legendre 混沌神经网络结构

由下列公式定义的多项式称为 Legendre 多项式。

定义：

$$P_0(x)=1,\quad P_n(x)=\frac{1}{2^n n!}\frac{\mathrm{d}^n}{\mathrm{d}x^n}(x^2-1)^n,\quad n=1,2,\cdots \tag{3-1}$$

在这里，$P_n(x)$ 称为 Legendre 多项式，也是定义在 $[-1,1]$ 关于权函数 $\rho(x)=1$ 的 n 次正交多项式。其递推公式如下：

$$\begin{cases} P_0(x)=1 \\ P_1(x)=x \\ P_{k+1}(x)=\dfrac{2k+1}{k+1}xP_k(x)-\dfrac{k}{k+1}xP_{k-1}(x), \quad k=1,2,\cdots \end{cases} \tag{3-2}$$

因此，式(3-2)定义的多项式称为 Legendre 正交基函数。

该混沌神经网络采用三层单输入单输出网络结构。令隐层神经元数目为 n，w_j 是输入层至隐层的权值，c_j 是隐层至输出层的权值。隐层神经元激励函数采用 Legendre 正交基函数，Legendre 正交基函数由式(3-2)定义。

Legendre 混沌神经网络隐层神经元输入：

$$\mathrm{net}_j = w_j x, \quad j = 0,1,\cdots,n \tag{3-3}$$

Legendre 正交多项式 $P_j(\mathrm{net}_j), j = 0,1,\cdots,n-1$ 是隐层神经元输出，由式(3-1)定义。Legendre 混沌神经网络的输出为

$$y = \sum_{j=0}^{n} c_j P_j(\mathrm{net}_j) \tag{3-4}$$

令训练样本是 (T_t, d_t)，$T_t = (x_{1t}, x_{2t}, \cdots, x_{mt})$，$t = 1,2,\cdots,l$。$T_t = (x_{1t}, x_{2t}, \cdots, x_{mt})$ 是 Legendre 混沌神经网络的输入，d_t 是 Legendre 混沌神经网络的期望输出。

令误差为

$$e_t = d_t - y_t \tag{3-5}$$

则网络训练指标为

$$E = \frac{1}{2}\sum_{t=1}^{l} e_t^{\ 2} \tag{3-6}$$

网络权值调整公式如下：

$$\Delta c_j = -\eta \frac{\partial E}{\partial c_j} = \eta e_t P_j(\mathrm{net}_j) \tag{3-7}$$

$$\Delta w_j = -\eta \frac{\partial E}{\partial w_j} = \eta e_t c_j P_j'(\mathrm{net}_j) x \tag{3-8}$$

$$\begin{cases} w_j(k+1) = w_j(k) + \Delta w_j(k) \\ c_j(k+1) = c_j(k) + \Delta c_j(k) \end{cases} \tag{3-9}$$

式中，k 是训练次数；学习率 $0 < \eta < 1$；$j = 1,2,\cdots,n$；$t = 1,2,\cdots,l$。

训练样本是 Logistic 混沌函数 $x(n+1) = \mu x(n)[1 - x(n)]$ 生成的混沌序列。该网络的训练采用 BP 学习算法，详细的训练过程如第 2 章所示。

3.3　三维离散傅里叶变换

对于 $M \times N \times P$ 的体数据 $f(x,y,z)$，其三维离散傅里叶变换是

$$F(u,v,w) = \sum_{x=0}^{M-1}\sum_{y=0}^{N-1}\sum_{z=0}^{P-1} f(x,y,z)\mathrm{e}^{-\mathrm{j}(2\pi/M)xu}\mathrm{e}^{-\mathrm{j}(2\pi/N)yv}\mathrm{e}^{-\mathrm{j}(2\pi/P)zw}, \tag{3-10}$$

$$u=0,1,\cdots,M-1,\ v=0,1,\cdots,N-1,\ w=0,1,\cdots,P-1$$

其逆变换是

$$f(x,y,z)=\frac{1}{MNP}\sum_{u=0}^{M-1}\sum_{v=0}^{N-1}\sum_{w=0}^{P-1}F(u,v,w)\mathrm{e}^{\mathrm{j}(2\pi/M)xu}\mathrm{e}^{\mathrm{j}(2\pi/N)yv}\mathrm{e}^{\mathrm{j}(2\pi/P)zw}, \tag{3-11}$$

$$x=0,1,\cdots,M-1,\ y=0,1,\cdots,N-1,\ z=0,1,\cdots,P-1$$

在这里，体数据 (x,y,z) 处的值是 $f(x,y,z)$。$F(u,v,w)$ 是三维离散傅里叶变换的系数。本章利用三维离散傅里叶变换提取医学体数据的特征。

3.4　基于三维离散傅里叶变换的差异感知哈希算法

图像感知哈希算法可以把任意图像转换成几百到几千个二进制序列，是对图像感知特征的提取。与传统的加密哈希算法相比，图像感知哈希算法不仅是一种数据压缩算法，而且具有鲁棒性。

差异感知哈希算法是图像感知哈希算法的一种。差异感知哈希算法利用图像各像素间的差异生成哈希值。它简单，非常容易实现，运行速度非常快。差异感知哈希算法与其他图像感知哈希算法相比，性能相同，效果更好。它是基于梯度变化的。

在传统的差异感知哈希算法的基础上，本章提出将一种基于三维离散傅里叶变换的差异感知哈希算法应用到三维医学体数据中。具体步骤如下。

(1) 利用三维离散傅里叶变换对医学体数据进行变换，选择变换系数为 4×5×4。

(2) 对选择的变换系数 4×5×4 进行三维离散傅里叶逆变换。

(3) 选择系数的实部，构建特征矩阵 16×5。

(4) 计算相邻像素间的差异值，每行 5 个像素之间产生 4 个差异值，16 行产生 64 个差异值。

(5) 获取哈希值，当左边像素大于右边像素时，差异值为 1，反之为 0。

这样，医学体数据就生成了 64 位二值序列。该二值序列代表了医学体数据的特征，也称为医学体数据的特征向量。在第 2 章介绍过，可以利用图像感知哈希的唯一性和鲁棒性来构造水印，因此，下面对基于三维离散傅里叶变换的差异感知哈希算法的唯一性和鲁棒性进行分析。

1) 唯一性分析

根据图像感知哈希算法的唯一性，两个内容不同的图像产生的哈希序列是不同的，也就是说每个医学体数据产生的哈希序列是唯一的。为了验证提出的差异感知哈希算法的唯一性，本章选用 12 个不同的医学体数据进行测试，不同的医学体数据如图 3-2 所示。其中，图 3-2(a)～图 3-2(c)都是头部体数据，图 3-2(f)和图 3-2(g)都是肝脏体数据，形状相近，其他体数据有的形状也相近。

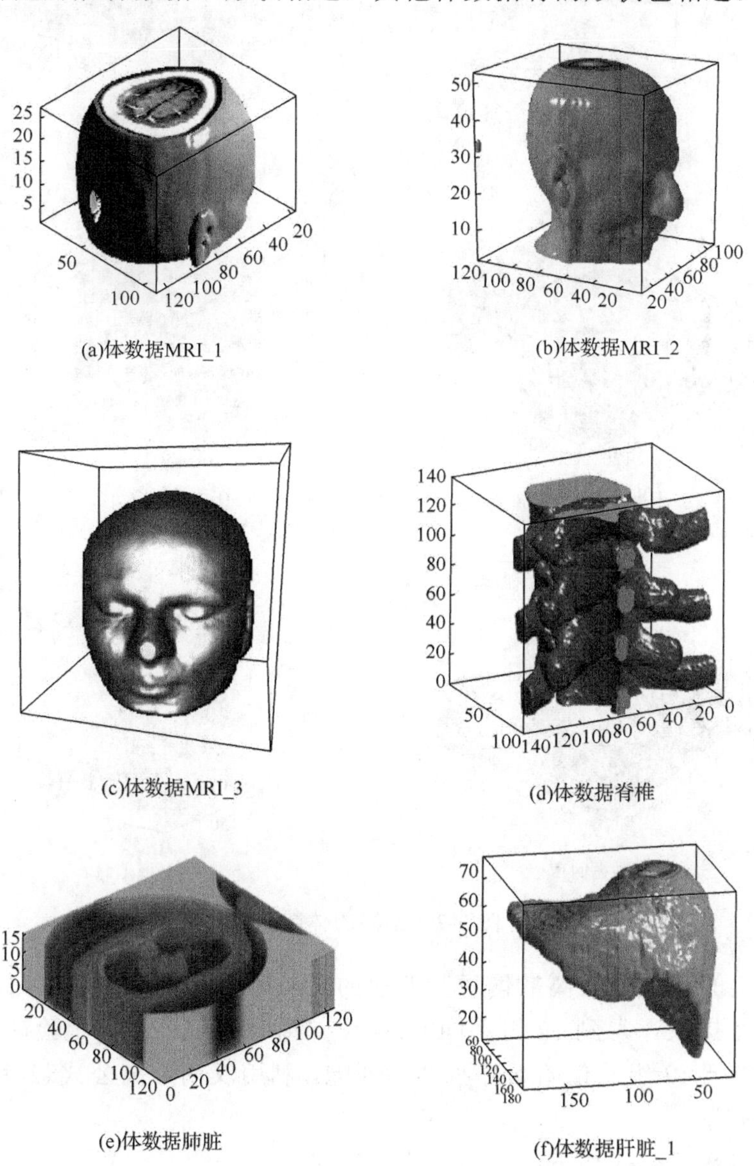

(a)体数据MRI_1

(b)体数据MRI_2

(c)体数据MRI_3

(d)体数据脊椎

(e)体数据肺脏

(f)体数据肝脏_1

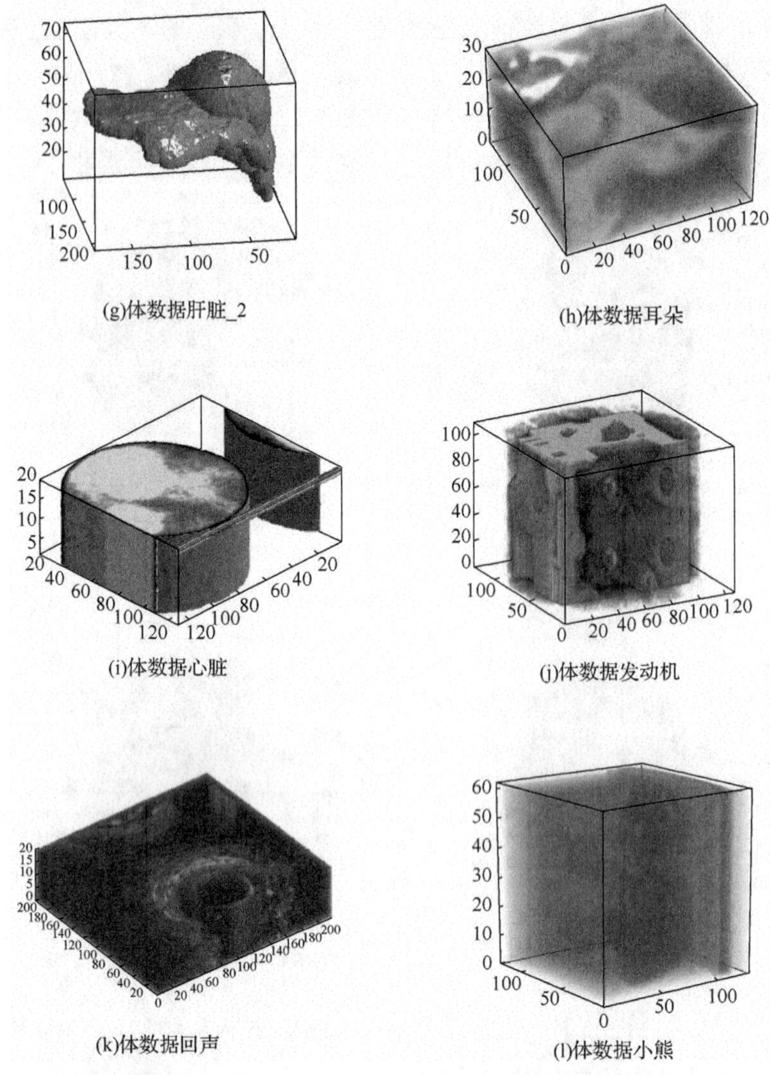

(g)体数据肝脏_2　(h)体数据耳朵

(i)体数据心脏　(j)体数据发动机

(k)体数据回声　(l)体数据小熊

图 3-2　不同的体数据

利用提出的基于三维离散傅里叶变换的差异感知哈希算法对这 12 个医学体数据特征进行提取，得到 12 组不同的 64 位二值哈希序列。为了验证哈希序列的唯一性，这里把 12 组二值哈希序列两两匹配，利用汉明距离公式(2-49)来统计哈希序列间的差别。

匹配结果数目公式如下：

$$\mathrm{Sum}=\frac{n(n-1)}{2},\quad n>1 \tag{3-12}$$

式中，n 是整数，表示哈希序列的组数。

因此会得到 66 个匹配结果，图 3-3 是不同体数据间哈希序列汉明距离统计直方图，图中横轴表示哈希序列的汉明距离，纵轴表示相同汉明距离的频率次数。由图 3-3 可以看出，匹配结果服从正态分布，通过正态曲线拟合和计算，得到其数学期望是 27.1818，方差是 8.3976。

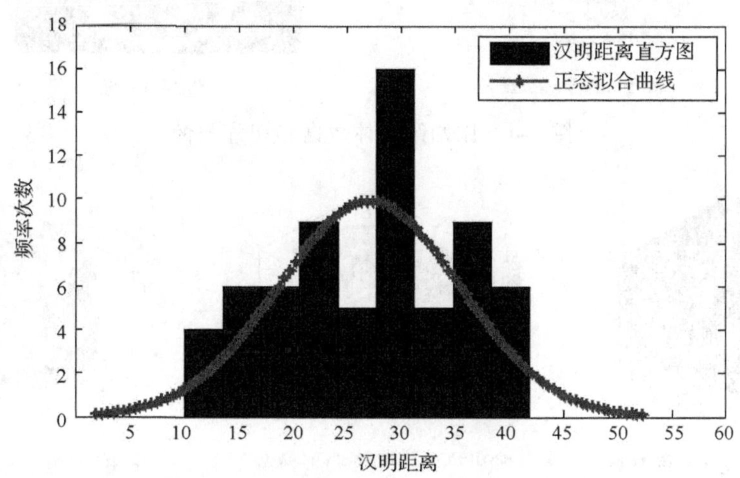

图 3-3　哈希序列的汉明距离统计直方图

根据统计直方图和实际情况选择阈值，从图 3-3 中可以得到，汉明距离小于 1，表明两个体数据的哈希序列匹配，即两个体数据生成的哈希序列相同；当汉明距离大于或等于 1 时，表明两个体数据的哈希序列不同，即体数据生成了唯一的哈希序列。因此，选择阈值 T=1，代入公式：

$$P=\int_{-\infty}^{T}\frac{1}{\sqrt{2\pi}\delta}\mathrm{e}^{\frac{-(x-\mu)^2}{2\delta^2}}\mathrm{d}x=3.6812\times10^{-4} \tag{3-13}$$

根据结果可以看出两个哈希序列间汉明距离小于 1 的概率比较小，可以保证体数据生成的哈希序列的唯一性，因此本章提出的基于三维离散傅里叶变换的差异感知哈希算法具有唯一性，可以用来提取体数据的特征向量。

2) 鲁棒性分析

本章选择如图 3-4(a)所示的医学体数据作为原始医学体数据测试鲁棒性，其切片图像如图 3-4(b)所示(这里取医学体数据的第十个切片)，该医学体数据是 MATLAB 中自带的一个 MRI 体数据。

首先，对该医学体数据做抗攻击性实验，图 3-5 显示的是常规攻击下的医学体数据和对应的切片图像，图 3-6 显示的是几何攻击下的医学体数据和对应的切片图像。

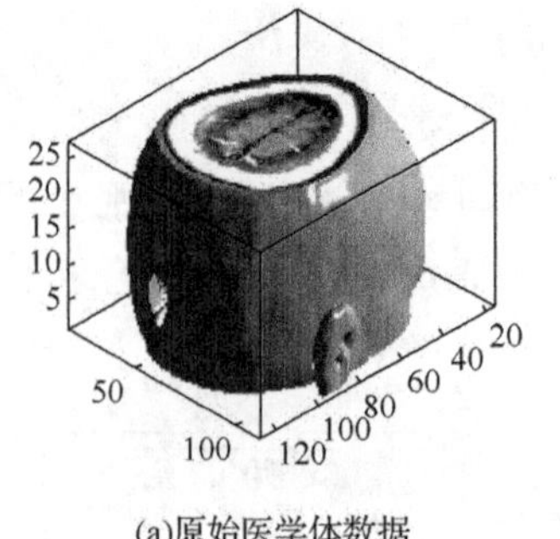

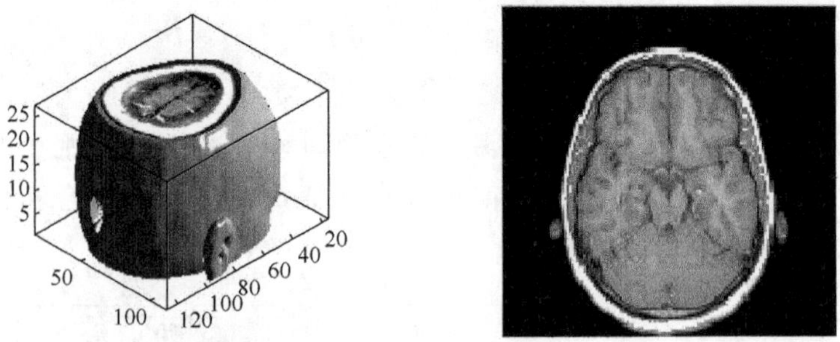

(a)原始医学体数据

(b)切片图像

图 3-4　原始医学体数据和切片图像

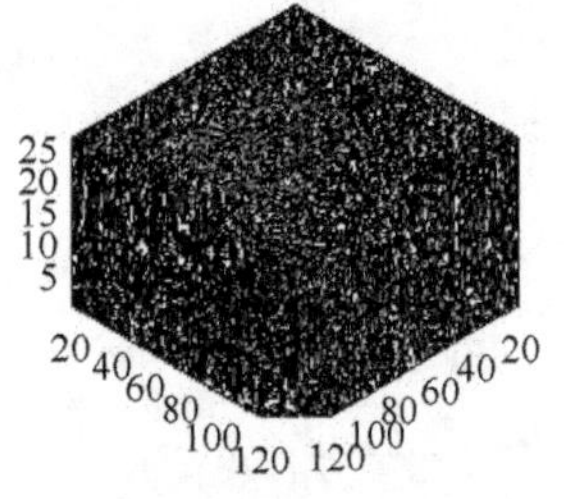

(a)高斯噪声攻击(10%)体数据

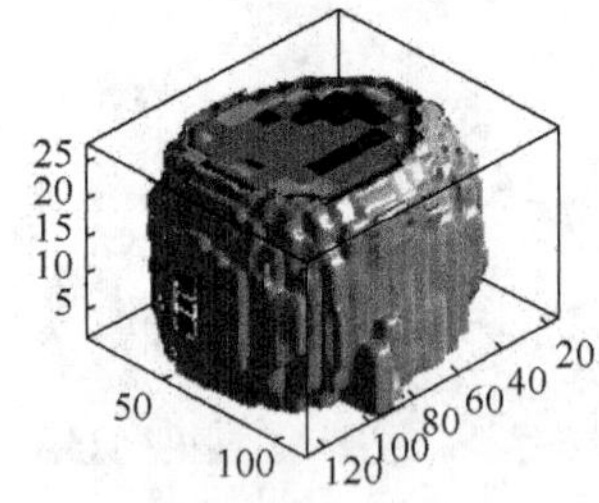

(b)JPEG压缩攻击(2%)体数据

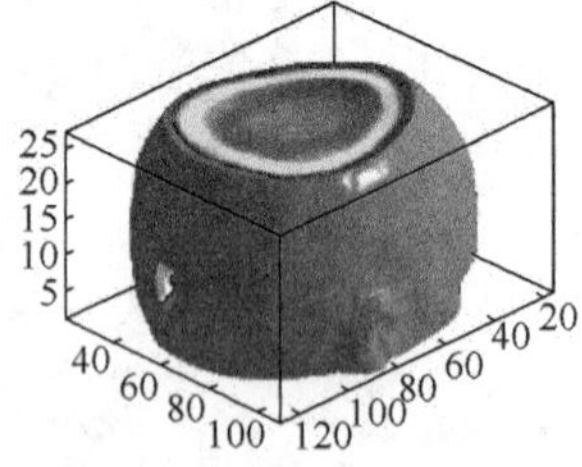

(c)中值滤波攻击[5×5,10]体数据

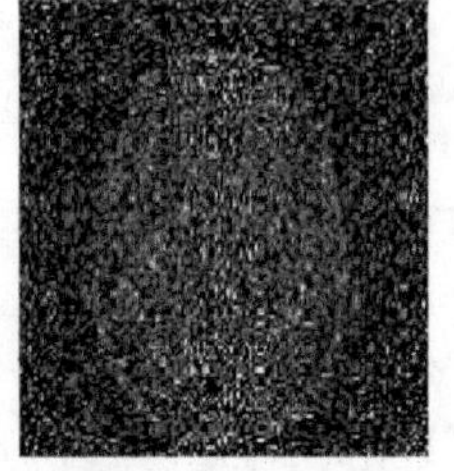

(d)高斯噪声攻击(10%)切片图像

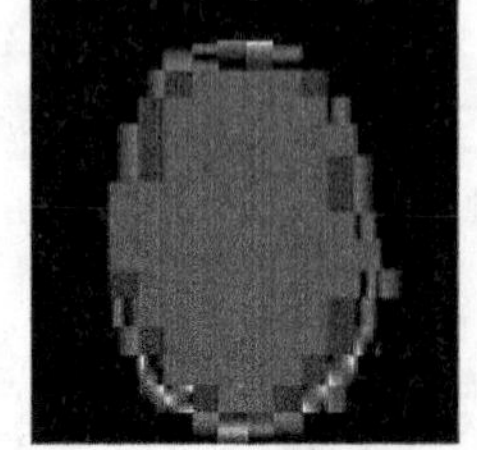

(e)JPEG压缩攻击(2%)切片图像

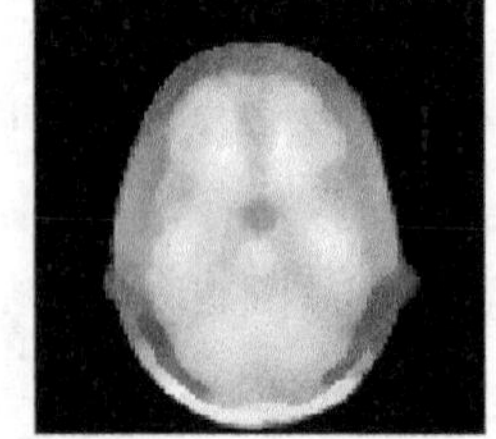

(f)中值滤波攻击[5×5,10]切片图像

图 3-5　常规攻击下的医学体数据和切片图像

其次，利用提出的基于三维离散傅里叶变换的差异感知哈希算法分别对原始医学体数据和受攻击的医学体数据进行特征提取，生成 64 位二进制哈希序列。

最后，计算受攻击的医学体数据的哈希序列与原始医学体数据的哈希序列之间的匹配值。匹配值计算公式如式(3-14)所示，它等于哈希序列的长度减去哈希序列间的汉明距离：

$$P_{\text{value}} = N - \text{disp}(m, m_1) = N - \sum_{k=1}^{N} \left| h(k) - h_1(k) \right| \tag{3-14}$$

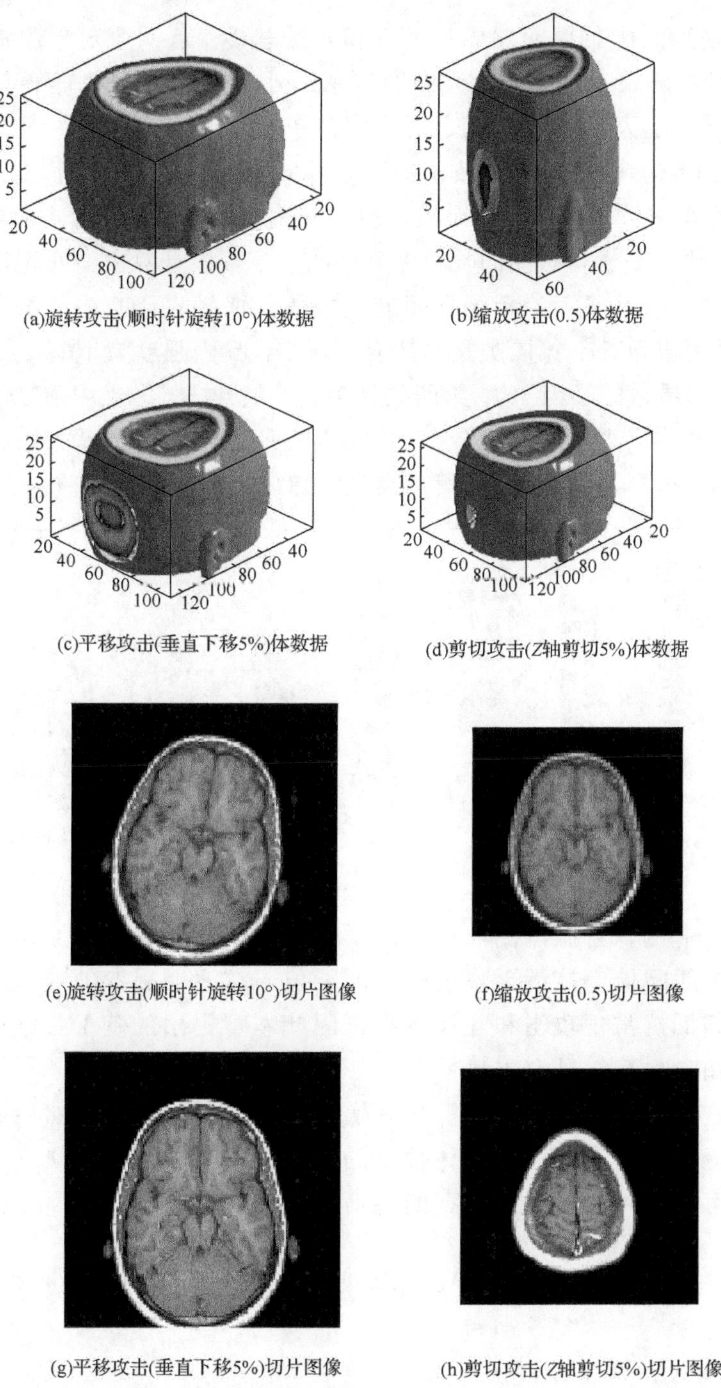

(a)旋转攻击(顺时针旋转10°)体数据　(b)缩放攻击(0.5)体数据

(c)平移攻击(垂直下移5%)体数据　(d)剪切攻击(Z轴剪切5%)体数据

(e)旋转攻击(顺时针旋转10°)切片图像　(f)缩放攻击(0.5)切片图像

(g)平移攻击(垂直下移5%)切片图像　(h)剪切攻击(Z轴剪切5%)切片图像

图 3-6 几何攻击下的医学体数据和切片图像

式中，N是进行匹配的两个哈希序列h和h_1的长度，从两个对象中提取的哈希序列分别用h和h_1来表示。式(3-14)中匹配值越小，匹配的两个哈希序列越不相同或相近；匹配值越大，匹配的两个哈希序列越相同或相近。

可利用式(3-14)分别计算受攻击的医学体数据的哈希序列与原始医学体数据的哈希序列间的匹配值。为了便于比较，也利用式(3-14)计算无攻击时的医学体数据的哈希序列与原始医学体数据的哈希序列间的匹配值。计算出的匹配值如图 3-7 所示。图 3-7 中，纵轴表示哈希序列间的匹配值，横轴表示攻击类型，其中第一类是无攻击，匹配值为 64；第二类是高斯噪声攻击，噪声强度为 10%；第三类是 JPEG 压缩攻击，压缩质量因子为 2%；第四类是中值滤波攻击，即做中值[5×5]滤波 10 次；第五类是旋转攻击，即顺时针旋转 10°；第六类是缩放攻击，缩放因子为 0.5；第七类是平移攻击，即垂直下移 5%；第八类是剪切攻击，即从 Z 轴剪切 5%。

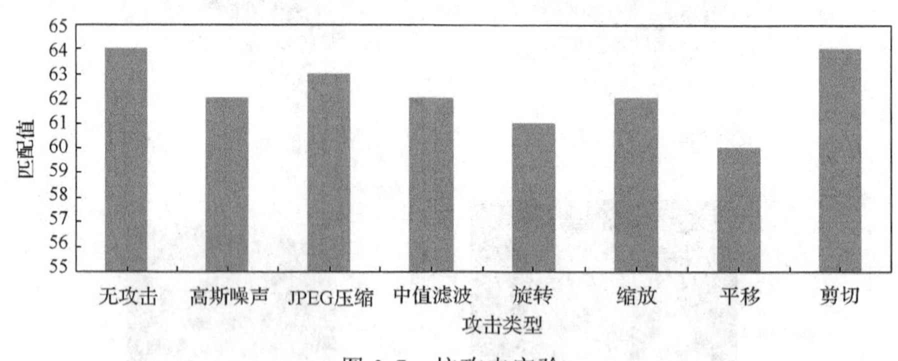

图 3-7　抗攻击实验

从图 3-7 中可以看出，受攻击的医学体数据的哈希序列与原始医学体数据的哈希序列间的匹配值都接近无攻击时的匹配值，这表明提取的哈希序列有很好的鲁棒性，能够抵抗常规攻击和几何攻击，因此本章提出的基于三维离散傅里叶变换的差异感知哈希算法具有鲁棒性。

综上所述，利用三维离散傅里叶变换对体数据进行变换，然后利用差异感知哈希算法来提取哈希序列，作为体数据的特征向量，该特征向量具有唯一性和鲁棒性，因此可以利用它作为体数据的特征向量嵌入零水印。

3.5　抗几何攻击的水印嵌入与提取算法

3.5.1　抗几何攻击的水印嵌入算法

选择一个具有特定含义的图像，把它作为实验中的原始水印图像，记作

$W=\{w(i,j)\,|\,w(i,j)=0,1;1\leqslant i\leqslant M_1,1\leqslant j\leqslant M_2\}$，原始水印图像的像素灰度值用 $w(i,j)$ 来表示。原始医学体数据选用 MATLAB 软件中的 MRI 体数据，记作 $F(i,j,k)=\{f(i,j,k)\,|\,f(i,j,k)\in R;\ 1\leqslant i\leqslant M,1\leqslant j\leqslant N,1\leqslant k\leqslant P\}$。这里，原始医学体数据的体素值用 $f(i,j,k)$ 来表示，相当于图像中的像素灰度值。为了计算方便，令 $M_1=M_2$，$M=N$。

1) 首先利用 Legendre 混沌神经网络对水印图像进行置乱

(1) 构造 Legendre 混沌神经网络。根据实际情况确定混沌神经网络的层数和神经元数目，确定 Legendre 混沌神经网络的结构。

(2) 训练 Legendre 混沌神经网络。确定 Legendre 混沌神经网络训练的最大训练次数、期望误差和混沌样本数目，初始化网络权值，利用 Logistic 混沌函数生成序列 $T_t=(x_{1t},x_{2t},\cdots,x_{mt})$，$t=1,2,\cdots,l$，对网络进行训练，获得网络权值。

(3) 生成混沌序列。由初始值 x_0 通过训练后的 Legendre 混沌神经网络生成混沌序列 $X(j)$。

(4) 置乱原始水印图像。按照混沌值的大小对混沌序列 $X(j)$ 排序，得到顺序序列 $L(j)$，根据顺序序列 $L(j)$，对水印图像中的像素位置进行置乱，得到置乱的水印 $\mathrm{BW}(i,j)$。

2) 利用基于三维离散傅里叶变换的差异感知哈希算法提取原始医学体数据的哈希序列 $\mathrm{PH}(j)$

第一，利用三维离散傅里叶变换对原始医学体数据 $F(i,j,k)$ 进行变换，获得变换系数 $\mathrm{FF}(i,j,k)$；第二，在变换系数 $\mathrm{FF}(i,j,k)$ 中选取前 4×5×4 个变换系数 $\mathrm{FF}_4(i,j,k)$；第三，利用三维傅里叶逆变换对变换系数 $\mathrm{FF}_4(i,j,k)$ 进行逆变换，得到逆变换后的体数据 $\mathrm{FIF}(i,j,k)$，然后利用差异感知哈希算法提取体数据 $\mathrm{FIF}(i,j,k)$ 的哈希序列，得到 64 位二进制哈希序列 $\mathrm{PH}(j)$。详细过程如下：

$$\mathrm{FF}_4(i,j,k)=\mathrm{3D-DFT}(F(i,j,k)) \tag{3-15}$$

$$\mathrm{FIF}(i,j,k)=\mathrm{3D-IDFT}(\mathrm{FF}_4(i,j,k)) \tag{3-16}$$

$$\mathrm{PH}(j)=\mathrm{dHash}(\mathrm{FIF}(i,j,k)) \tag{3-17}$$

式中，dHash(・)为差异感知哈希计算。

3) 使用哈希函数，将置乱的水印图像嵌入医学体数据中，生成提取密钥 $\mathrm{Key}(i,j)$ 用来提取水印图像

密钥 $\mathrm{Key}(i,j)$ 表达式如下：

$$\mathrm{Key}(i,j)=\mathrm{PH}(j)\oplus\mathrm{BW}(i,j) \tag{3-18}$$

提取密钥 $\mathrm{Key}(i,j)$ 可以保存在第三方，以便用于以后的水印提取。

3.5.2 抗几何攻击的水印提取算法

1) 利用基于三维离散傅里叶变换的差异感知哈希算法提取待测医学体数据的哈希序列 $\mathrm{PH}'(j)$

用 $F'(i,j,k)$ 代表接收的待测体数据，根据上述水印嵌入算法的第一步，对待测医学体数据进行三维离散傅里叶变换和逆变换，利用差异感知哈希算法提取出待测医学体数据的 64 位二进制哈希序列 $\mathrm{PH}'(j)$。详细步骤如下：

$$\mathrm{FF}_4'(i,j,k) = 3D - \mathrm{DFT}(F'(i,j,k)) \tag{3-19}$$

$$\mathrm{FIF}'(i,j,k) = 3D - \mathrm{IDFT}(\mathrm{FF}_4'(i,j,k)) \tag{3-20}$$

$$\mathrm{PH}'(j) = \mathrm{dHash}(\mathrm{FIF}'(i,j,k)) \tag{3-21}$$

2) 从待测医学体数据中，提取出水印图像 $\mathrm{BW}'(i,j)$

依据提取密钥 $\mathrm{Key}(i,j)$ 和步骤 1) 所提取出的待测医学体数据的哈希序列 $\mathrm{PH}'(j)$，再次利用哈希函数，从待测医学体数据中提取出水印图像 $\mathrm{BW}'(i,j)$。

$$\mathrm{BW}'(i,j) = \mathrm{Key}(i,j) \oplus \mathrm{PH}'(j) \tag{3-22}$$

3) 利用 Legendre 混沌神经网络对提取的水印图像进行逆置乱

(1) 生成混沌序列。利用相同的初始值 x_0，通过相同的 Legendre 混沌神经网络生成混沌序列 $X(j)$。

(2) 还原提取的水印图像。按照混沌值的大小对混沌序列 $X(j)$ 排序，获得顺序序列 $L(j)$，根据顺序序列 $L(j)$ 对提取的水印图像中的像素位置进行逆置乱，得到还原的水印图像 $W'(i,j)$。

4) 采用归一化相关系数 (normalized correlation, NC) 对从待测医学体数据中得到的还原的水印图像 $W'(i,j)$ 进行检测

NC 公式如式 (3-23) 所示：

$$\mathrm{NC} = \frac{\sum_j W(i,j)W'(i,j)}{\sum_j W(i,j)W(i,j)} \tag{3-23}$$

通过比较原始水印图像 $W(i,j)$ 与还原的水印图像 $W'(i,j)$ 间的 NC 值大小，来评价从待测医学体数据中得到的水印图像 $W'(i,j)$。NC 值越大表明原始水印图像 $W(i,j)$ 与还原的水印图像 $W'(i,j)$ 间的相关性越大。

并且使用 PSNR 对受攻击的待测医学体数据的图像质量进行评估。PSNR 公式如式 (3-24) 所示：

$$\mathrm{PSNR}=10\lg\left[\frac{\sum F(i,j,k)_{\max}^{2}}{\sum\left[F(i,j,k)-F'(i,j,k)\right]^{2}}\right] \tag{3-24}$$

式中，体数据体素的最大灰度值是 $F(i,j,k)_{\max}$。PSNR 越高意味着医学体数据的图像质量越好。

3.6　实验与分析

为了验证本章提出的水印算法的有效性，下面对该水印算法进行仿真实验。仿真软件采用 MATLAB 2010a，采用的原始医学体数据来自 MATLAB 自身的磁共振医学体数据(MRI.mat)，大小为 128×128×27，表示为 $F(i,j,k)$，其中 $1\leqslant i,j\leqslant 128$；$1\leqslant k\leqslant 27$，其二维切片图像如图 3-8(a)所示，共 27 幅；其三维体数据图像见图 3-8(b)，大小为 128×128×27。

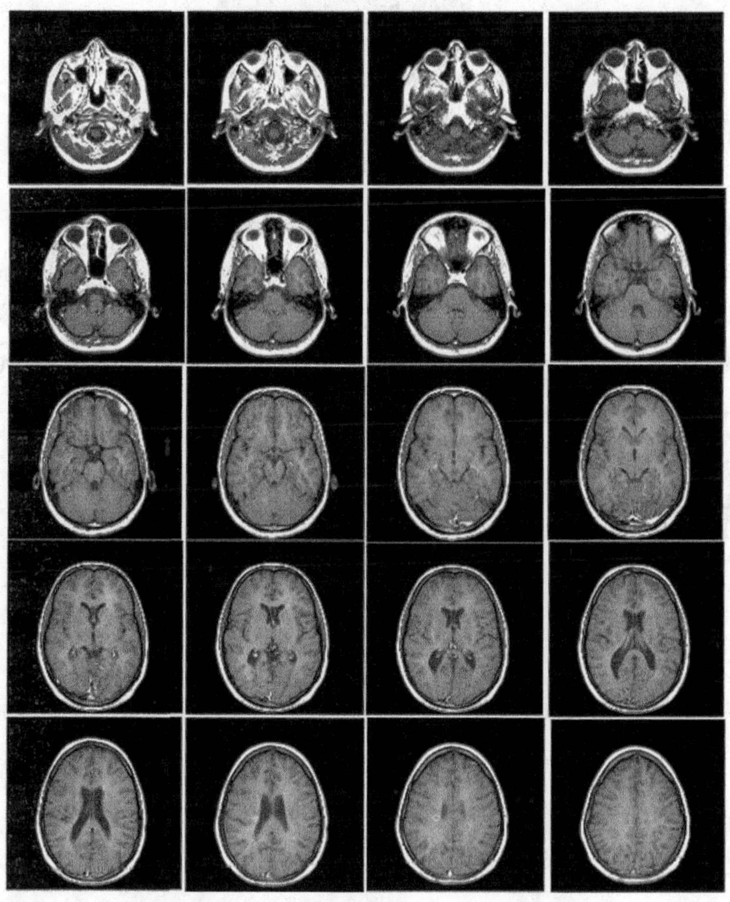

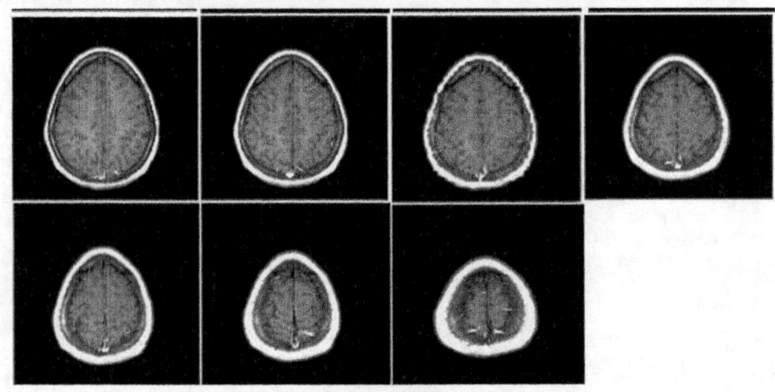

(a) 二维切片图像

(b) 三维体数据图像

图 3-8　原始医学体数据

Legendre 混沌神经网络的参数选择如下：网络结构选用$1\times4\times1$；混沌样本数目为 1000；期望误差是10^{-10}；最大训练次数为 2000 次。对 Legendre 混沌神经网络进行训练，训练误差曲线如图 3-9 所示，当训练次数为 954 时，达到期望误差。选择含有特定含义的图像作为原始水印图像，其大小为 64×64，记作$W=\{w(i,j)\,|\,w(i,j)=$

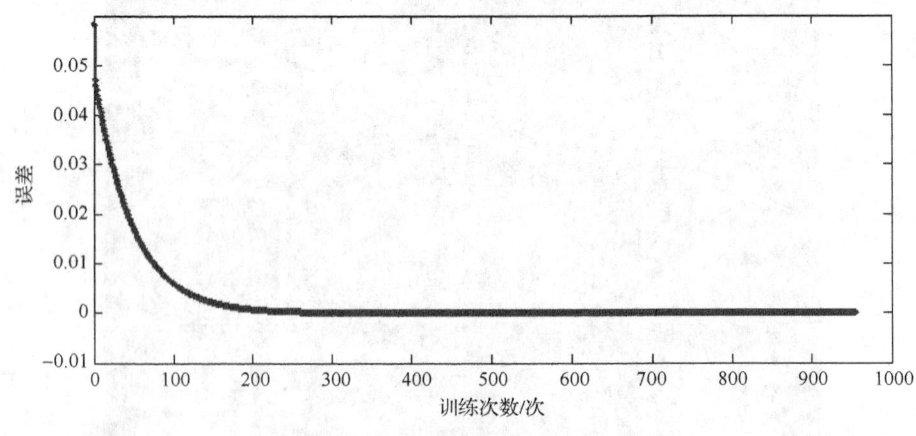

图 3-9　训练误差曲线

$0,1;1 \leqslant i \leqslant M_1, 1 \leqslant j \leqslant M_2\}$。训练后的 Legendre 混沌神经网络生成的用来置乱的混沌序列如图 3-10 所示。原始水印图像和置乱后的水印图像分别如图 3-11(a)和图 3-11(b)所示。

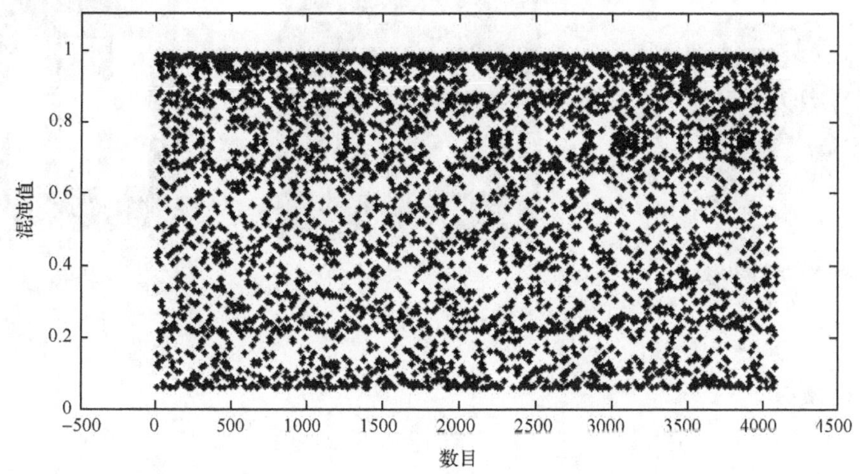

图 3-10　用来置乱的混沌序列

(a)原始水印图像

(b)置乱后的水印图像

图 3-11　水印图像

3.6.1　不可见性

为了测试水印的不可见性，把置乱后的水印图像嵌入原始医学体数据中，图 3-12(a)显示的是嵌入水印后的医学体数据的图像，PSNR=95.3475dB，图 3-12(b)显示的是嵌入水印后的医学体数据的第 10 个切片图像(以下相同)，把它们与图 3-8 中原始医学体数据和原始医学体数据的第 10 个切片图像进行对比，可以很清楚地发现，它们没有任何改变，表明嵌入的水印没有改变原始医学体数据的内容。这是因为采用的是零水印嵌入。图 3-12(c)给出的是无攻击情况下提取的水印图像，其 NC 值是 1，与原始水印图像相同。因此该水印算法满足水印的不可见性。

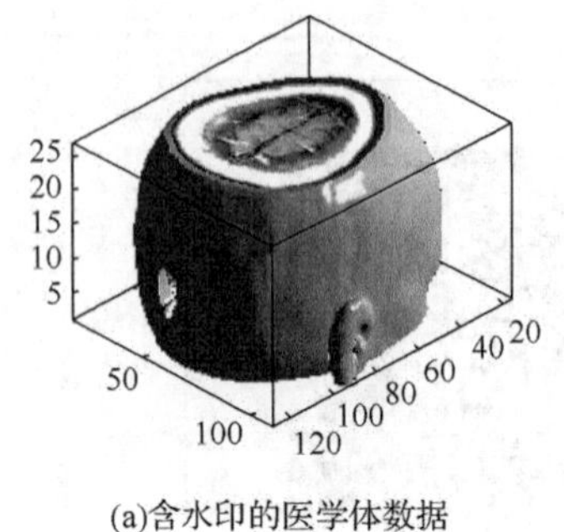

(a)含水印的医学体数据　　(b)切片图像　　(c)提取的水印图像

图 3-12　水印的不可见性实验

3.6.2　鲁棒性

1) 常规攻击

(1) 高斯噪声攻击。把高斯噪声添加到待测的医学体数据中，再利用水印提取算法对加高斯噪声后的含水印的医学体数据进行处理，提取出其嵌入的水印，然后还原提取的水印图像，最后利用 NC 检验该水印算法抵抗高斯噪声攻击的鲁棒性。待测的体数据被高斯噪声攻击，高斯噪声强度是 25%，图 3-13(a) 是受攻击后的医学体数据，PSNR=1.8098dB；图 3-13(b) 显示的是切片图像；提取的水印图像如图 3-13(c) 所示，NC=0.90377。在视觉上，该水印图像非常清晰。

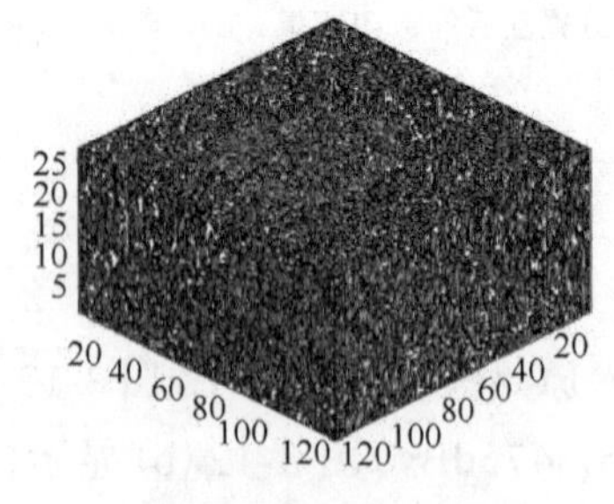

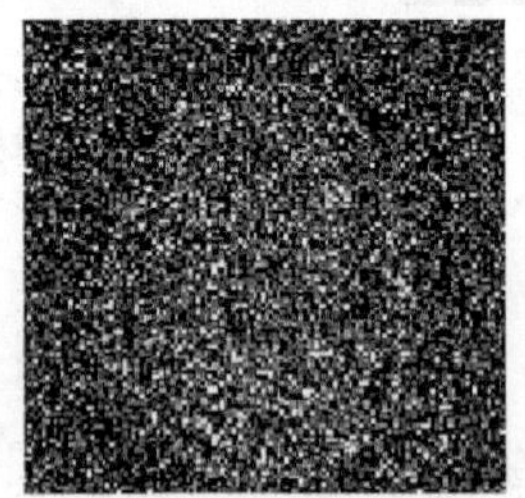

(a)受攻击后的医学体数据　　(b)切片图像　　(c)提取的水印图像

图 3-13　高斯噪声攻击下的实验结果

图 3-14 表示的是高斯噪声攻击下，医学体数据质量的情况。图 3-15 描述的是高斯噪声攻击下，水印图像 NC 变化情况。从图 3-15 中可以看出，即使高斯噪

声强度高达 30%，水印图像依然能够被提取出来，此时 NC=0.90907。医学体数据的 PSNR=−0.47dB。所以，该水印算法具有抵抗高斯噪声攻击的能力。

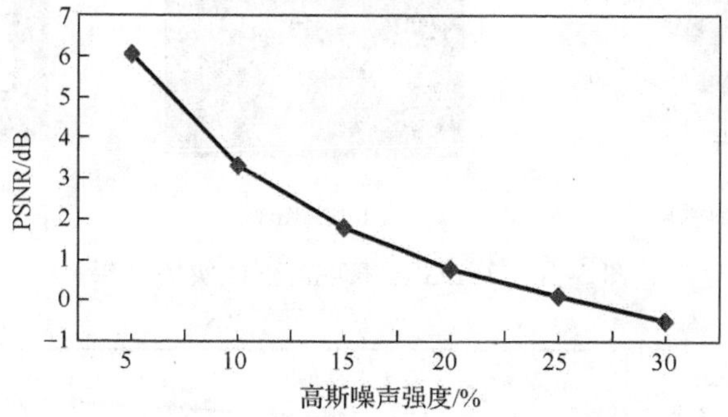

图 3-14　高斯噪声攻击下的医学体数据质量

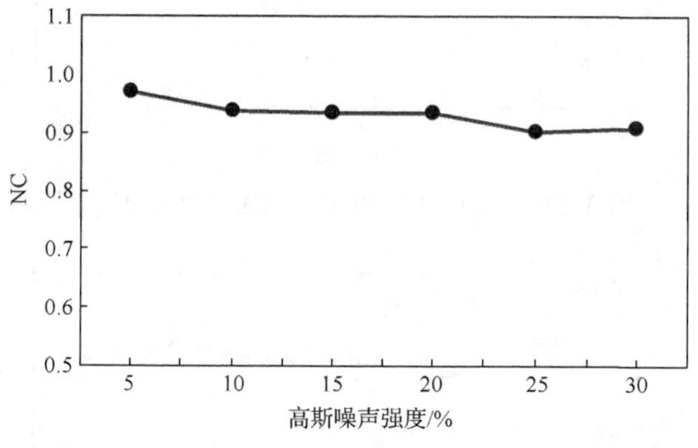

图 3-15　高斯噪声攻击下的 NC

(2) JPEG 压缩攻击。对待测的医学体数据进行 JPEG 压缩攻击，再利用水印提取算法对 JPEG 压缩后的含水印的医学体数据进行处理，提取出其嵌入的水印，然后还原提取的水印图像，最后利用 NC 检验该水印算法抵抗 JPEG 压缩攻击的鲁棒性。待测的医学体数据被 JPEG 压缩攻击，JPEG 压缩质量因子为 6%，图 3-16(a) 是受攻击后的医学体数据，PSNR=19.6083dB；图 3-16(b) 显示的是切片图像；提取的水印图像如图 3-16(c) 所示，NC=0.93463。在视觉上，尽管存在一些散乱分布的像素点，但该水印图像非常清晰。

图 3-17 表示的是在 JPEG 压缩攻击下，医学体数据质量的情况。图 3-18 描述的是在 JPEG 压缩攻击下，提取的水印图像的 NC 大小。从图 3-18 中可以看出，即使 JPEG 压缩 30%，水印图像依然能够被提取出来，此时 NC=0.93362。医学体数据的 PSNR=24.2762dB。所以，该水印算法具有抵抗 JPEG 压缩攻击的能力。

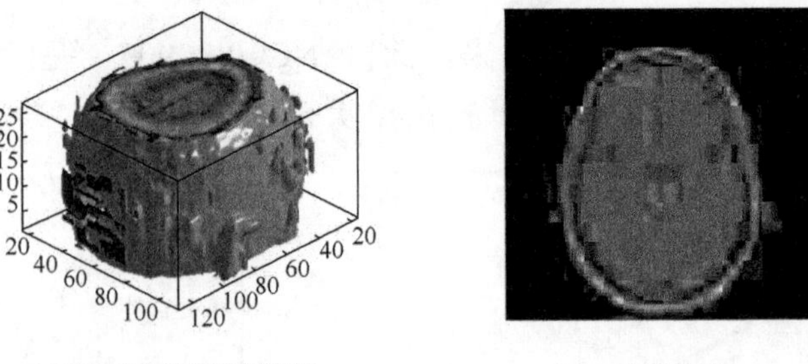

NC=0.93463

(a)受攻击后的医学体数据　(b)切片图像　(c)提取的水印图像

图 3-16　JPEG 压缩攻击下的实验结果

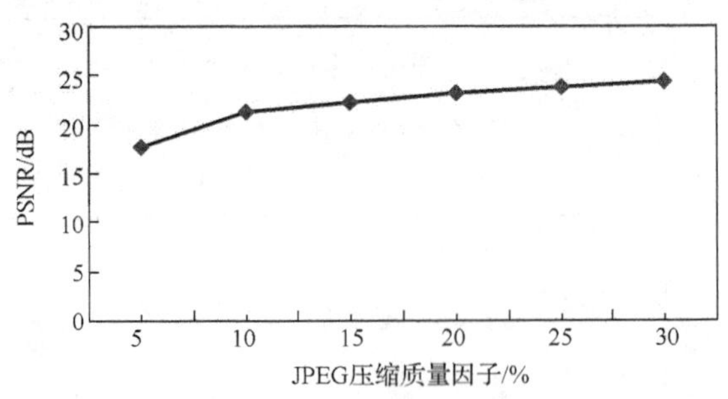

图 3-17　JPEG 压缩攻击下的医学体数据质量

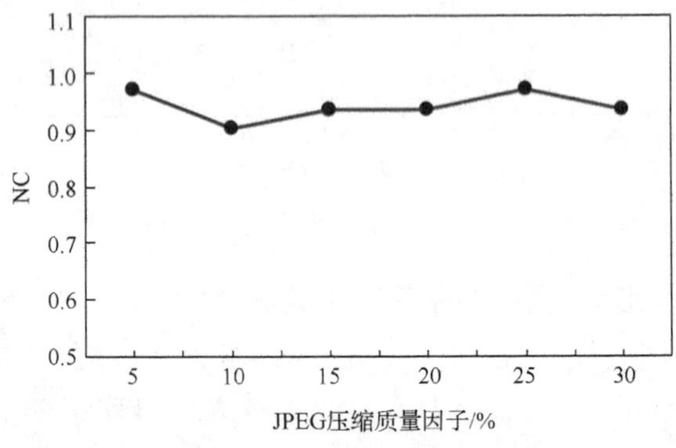

图 3-18　JPEG 压缩攻击下的 NC

(3) 中值滤波攻击。对待测的医学体数据进行中值滤波[3×3]攻击，再利用水印提取算法对中值滤波[3×3]攻击后的含水印的医学体数据进行处理，提取出其嵌入的水印，然后还原提取的水印图像，最后利用 NC 检验该水印算法抵抗中值滤波[3×3]攻击的鲁棒性。待测的医学体数据被中值[3×3]滤波 25 次，图 3-19 (a) 是受攻击后的医学体数据，PSNR=21.8473dB；图 3-19 (b) 显示的是切片图像；提取的水印图像如图 3-19 (c) 所示，NC=1。提取的水印图像与原始水印图像相同。

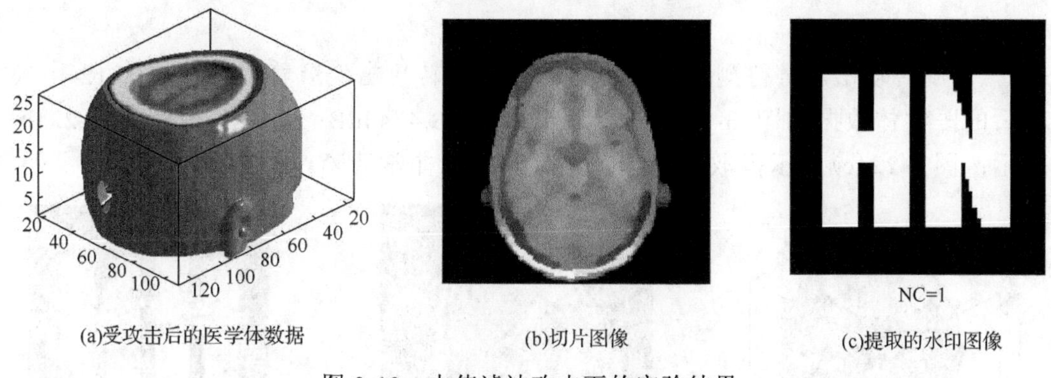

(a)受攻击后的医学体数据　(b)切片图像　(c)提取的水印图像

图 3-19　中值滤波攻击下的实验结果

图 3-20 表示的是中值滤波[3×3]攻击下，医学体数据质量的情况。图 3-21 描述的是中值滤波[3×3]攻击下，提取的水印图像 NC 随滤波次数的增加而变化的情况。从图 3-21 中可以看出，即使做中值[3×3]滤波 30 次，水印图像依然能够被提取出来，此时 NC=1，医学体数据的 PSNR=21.7554dB。所以，该水印算法具有抵抗中值滤波攻击的能力。

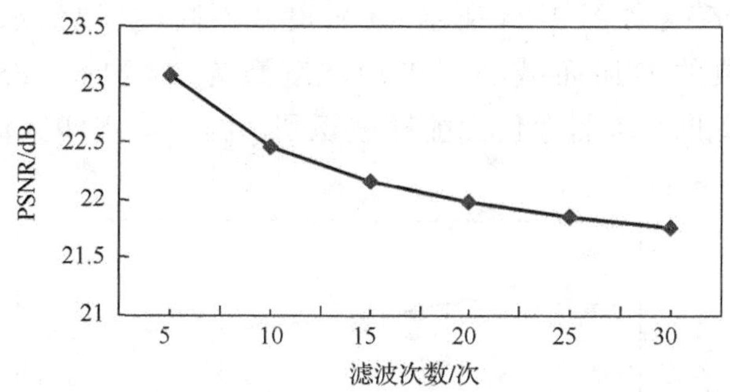

图 3-20　中值滤波攻击下的医学体数据质量

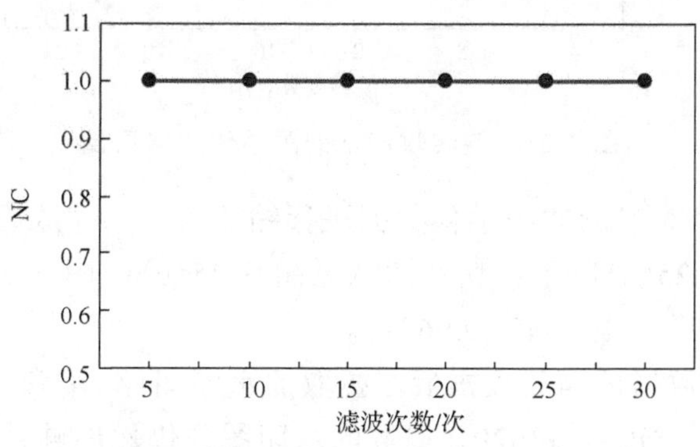

图 3-21　中值滤波攻击下的 NC

2) 几何攻击

(1) 旋转攻击。对待测的医学体数据进行旋转攻击，沿着顺时针旋转 12°，旋转后的医学体数据如图 3-22(a) 所示，PSNR=13.4744dB；切片图像如图 3-22(b) 所示；图 3-22(c) 显示提取的水印图像，其图像非常清晰，NC=0.90079。

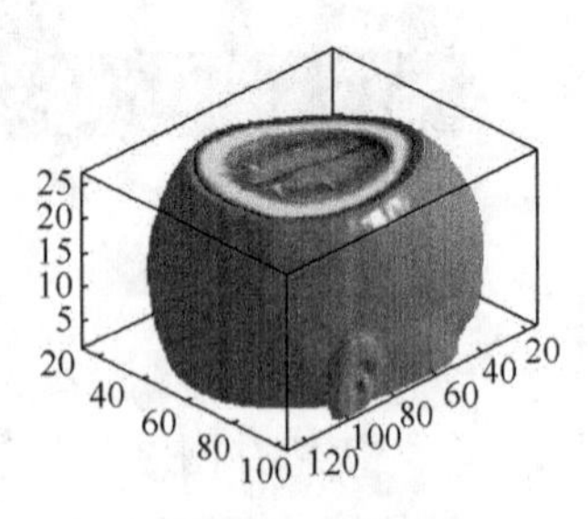

(a)旋转后的医学体数据

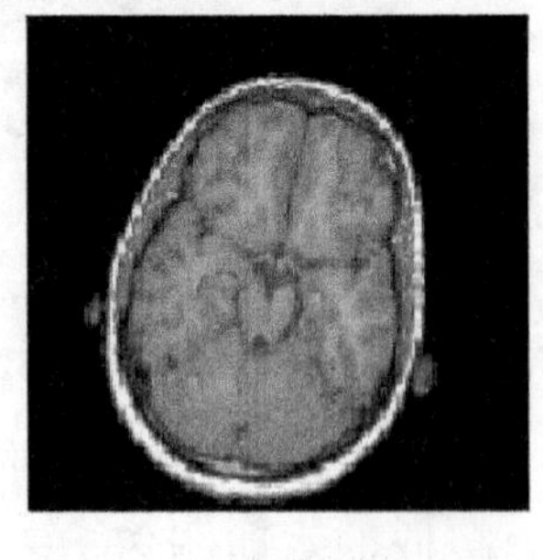

(b)切片图像

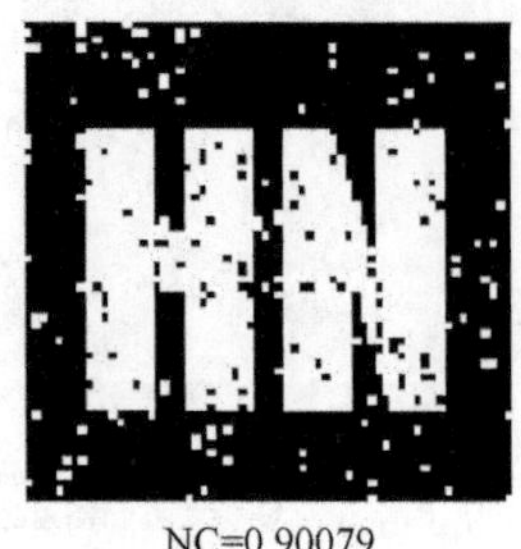

(c)提取的水印图像

图 3-22　旋转攻击下的实验结果

待测的医学体数据被旋转攻击后，医学体数据质量的情况如图 3-23 所示，提取的水印图像 NC 变化如图 3-24 所示。旋转度数不同，提取的水印图像也不相同，NC 随着旋转度数的增加而减小。当旋转度数为 24°时，PSNR=12.1188dB，NC=0.74416，提取的水印图像仍然能够被识别。因此该水印算法具有抵抗旋转攻击的鲁棒性。

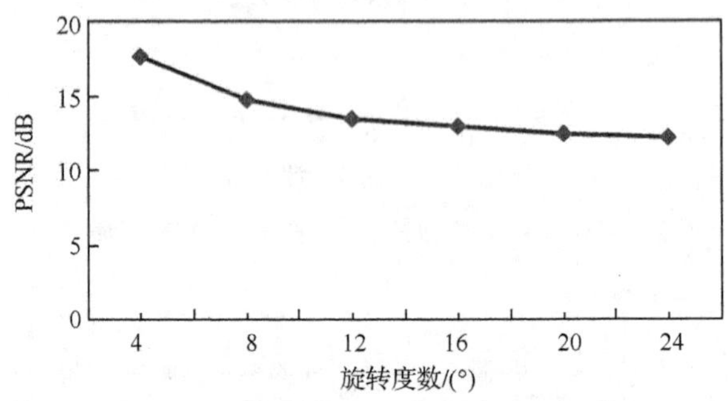

图 3-23　旋转攻击下的医学体数据质量

(2) 缩放攻击。对待测的医学体数据进行缩放攻击，缩放因子为 3，缩放后的医学体数据如图 3-25(a) 所示；切片图像见图 3-25(b)；图 3-25(c) 显示提取的水印图像，其图像非常清晰，NC=0.96947。

待测的医学体数据被缩放攻击后，提取的水印图像 NC 变化如图 3-26 所示。当缩放因子为 4 时，NC=0.93629，提取的水印图像仍然能够被识别。因此，该水印算法具有抵抗缩放攻击的鲁棒性。

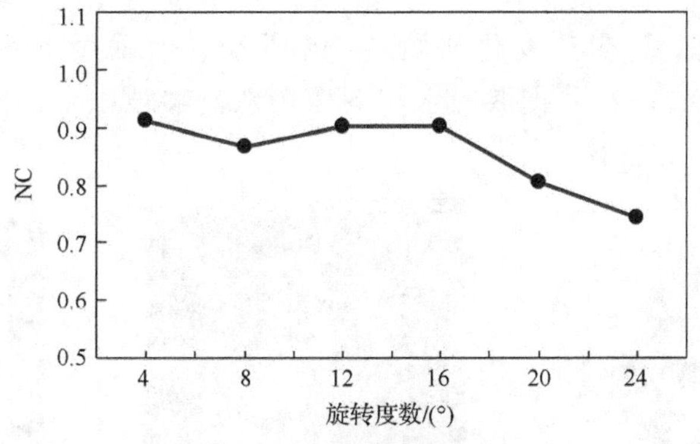

图 3-24　旋转攻击下的 NC

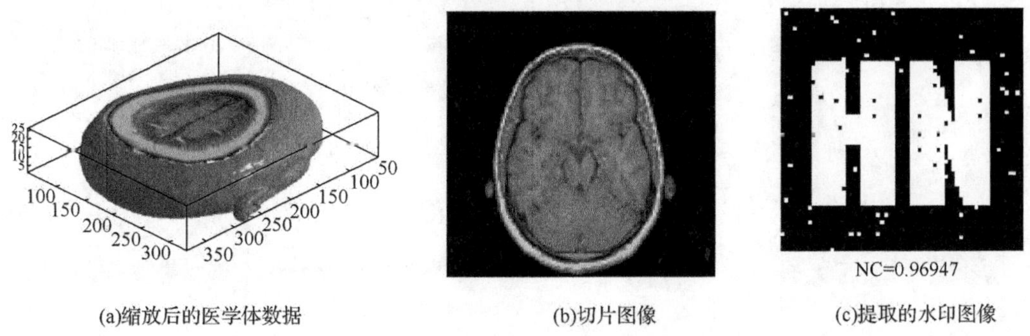

图 3-25　缩放攻击下的实验结果

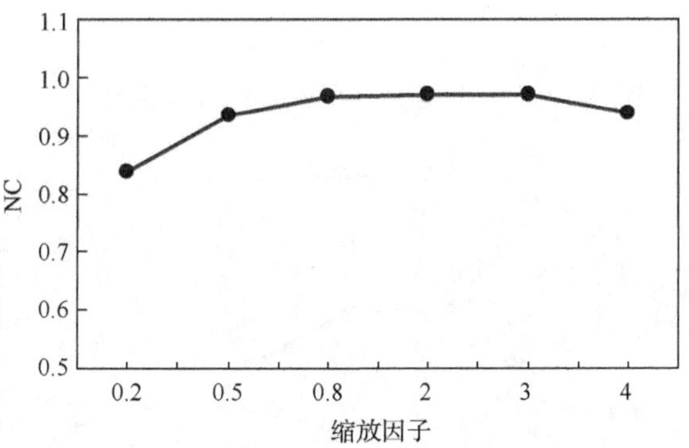

图 3-26　缩放攻击下的 NC

(3) 平移攻击。对待测的医学体数据进行平移攻击，当垂直下移 5%时，下移后的医学体数据如图 3-27(a)所示，PSNR=11.9747dB；切片图像如图 3-27(b)所示；图 3-27(c)显示提取的水印图像，其图像非常清晰，NC=0.87324。

待测的医学体数据被平移攻击后，医学体数据图像质量的情况如图 3-28 所示，提取的水印图像 NC 变化如图 3-29 所示。当垂直下移 12%时，PSNR=10.5052dB，NC=0.71529，提取的水印图像仍然能够被识别。因此，该水印算法具有抵抗平移攻击的鲁棒性。

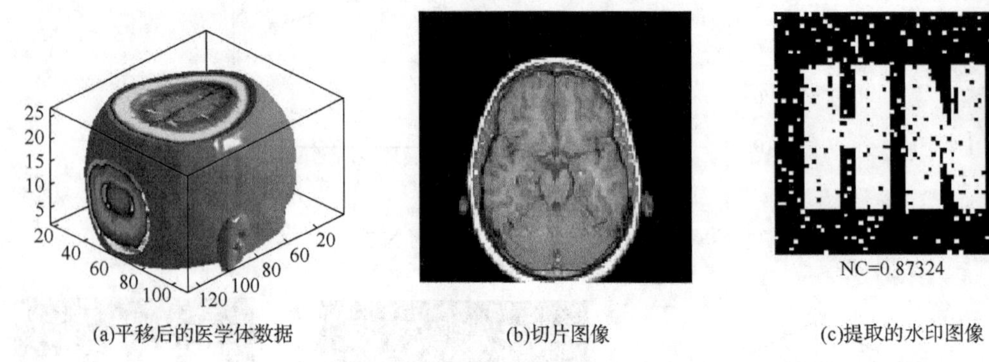

(a)平移后的医学体数据　(b)切片图像　(c)提取的水印图像

图 3-27　平移攻击下的实验结果

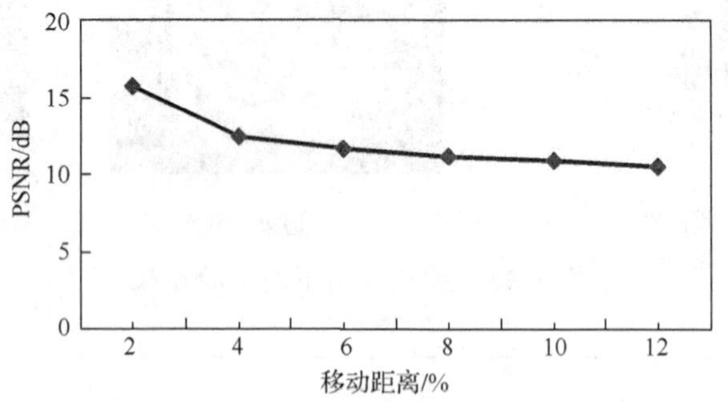

图 3-28　平移攻击下的医学体数据图像质量

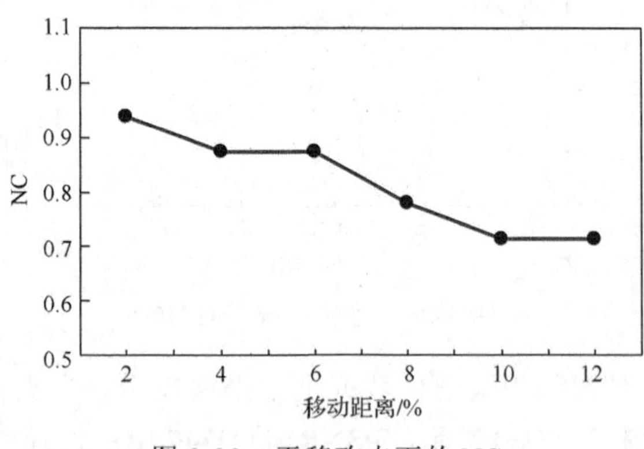

图 3-29　平移攻击下的 NC

(4)剪切攻击。对待测的医学体数据进行剪切攻击，当沿 Z 轴方向剪切 14%

时，剪切后的医学体数据如图 3-30(a) 所示；切片图像如图 3-30(b) 所示；图 3-30(c) 显示提取的水印图像，其图像非常清晰，NC=0.96649。

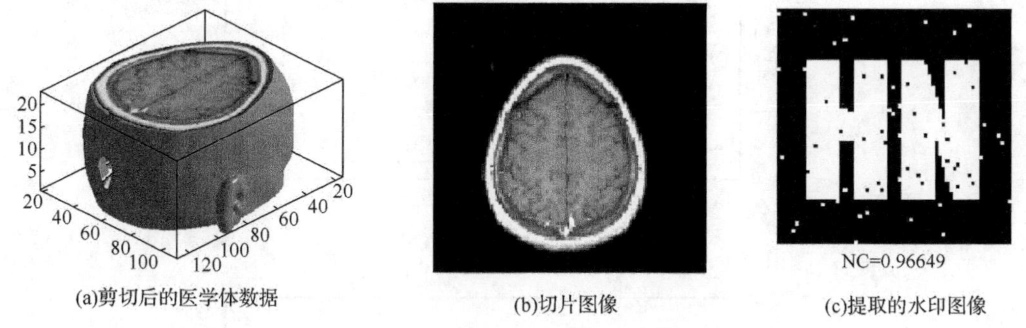

(a)剪切后的医学体数据　(b)切片图像　(c)提取的水印图像

图 3-30　剪切攻击下的实验结果

当沿 Z 轴方向剪切时，提取的水印图像 NC 变化如图 3-31 所示。当沿 Z 轴方向剪切 30%时，NC=0.83476，提取的水印图像仍然能够被识别。因此，该水印算法具有抵抗剪切攻击的鲁棒性。

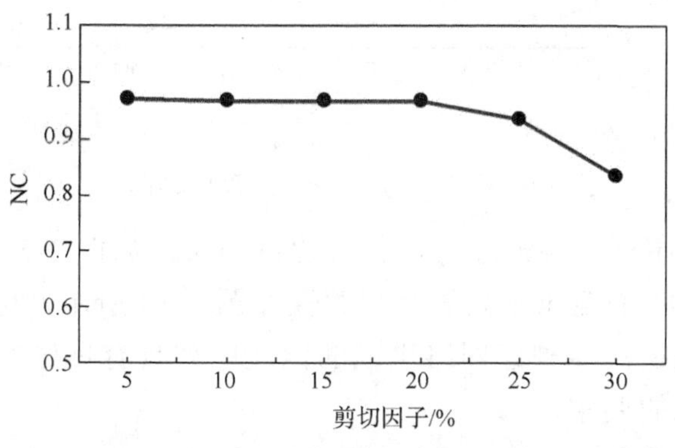

图 3-31　剪切攻击下的 NC

3.6.3　安全性

安全性主要取决于密钥的敏感性，本章是利用混沌序列对水印图像进行置乱的，只改变水印图像中各个像素的位置。首先分析混沌序列的特性，令初始值 x_1=0.332，x_2=0.3320001，通过训练好的同一个 Legendre 混沌神经网络分别产生序列 1 和序列 2。利用最大 Lyapunov 指数来检测这两个序列是否具有混沌特性。本节采用 Wolf 算法计算这两个序列的最大 Lyapunov 指数，其求解结果如图 3-32 所示。求得的最大 Lyapunov 指数都是 0.1501。

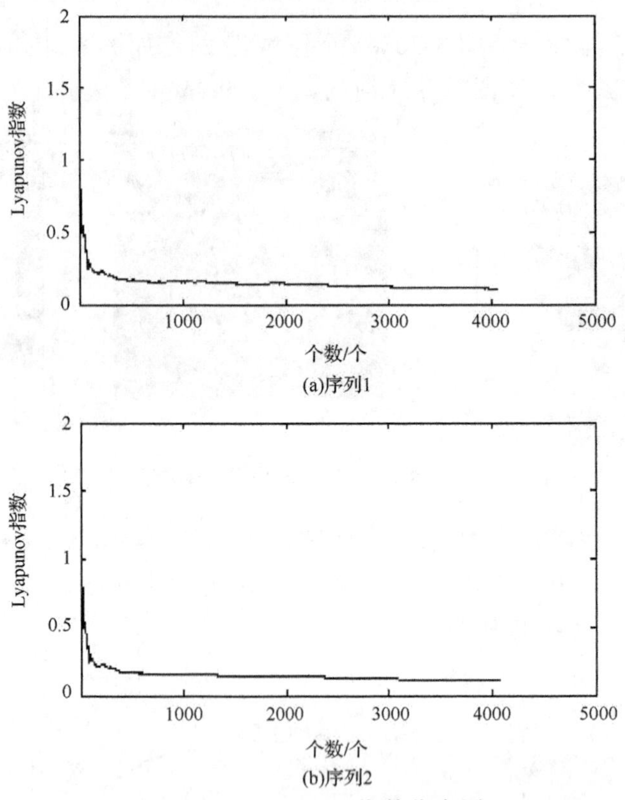

图 3-32　Lyapunov 指数仿真图

因此，这两个序列是混沌序列，各自的自相关性如图 3-33 所示，具有类似于白噪声的特性。这两个混沌序列的互相关性如图 3-34 所示，互相关性的数值接近0。这说明 Legendre 混沌神经网络生成的混沌序列具有良好的自相关性和互相关性，达到了密码学的要求。

为了进一步验证密钥的敏感性，对于同一个 Legendre 混沌神经网络，令初始值 x_1=0.332，x_2=0.3320001，初始值差别很小，产生两个不同的混沌序列。利用这两个混沌序列对水印图像进行置乱和逆置乱。利用混沌序列 1 进行置乱，分别利用混沌序列 1 和混沌序列 2 进行逆置乱，实验结果图 3-35 所示。图 3-35(a)是原始水印图像，图 3-35(b)是利用密钥 x_1=0.332 进行置乱的水印图像，图 3-35(c)是利用密钥 x_2=0.3320001 进行逆置乱的水印图像，图 3-35(d)是利用密钥 x_1=0.332 进行逆置乱的水印图像。从图 3-35 中很清楚地看到，密钥值相差 10^{-7}，逆置乱后的水印图像就无法识别。只有当置乱和逆置乱的密钥相同时，才能还原出水印图像，否则无法还原。尽管初始值差别很小，但初始值的轻微改变，产生的混沌序列却相差很大，密钥就发生了改变。

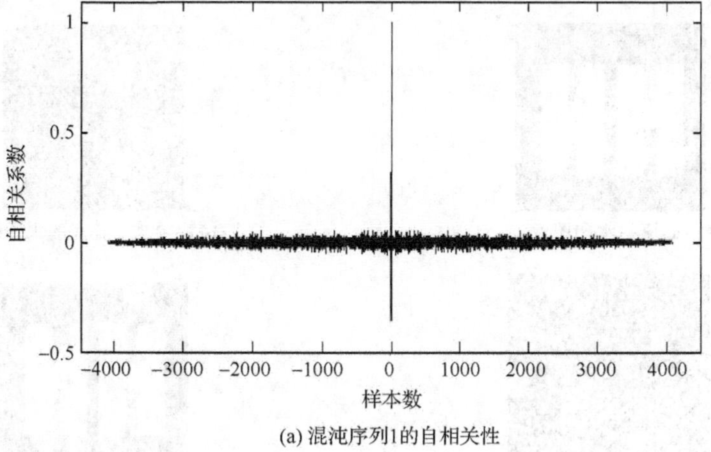

(a) 混沌序列1的自相关性

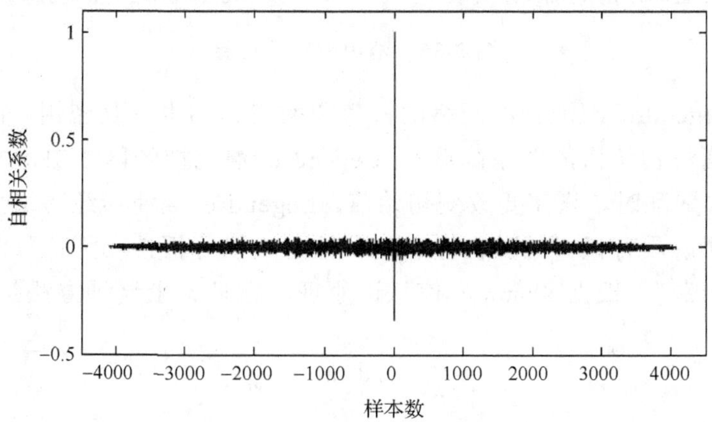

(b) 混沌序列2的自相关性

图 3-33　两个混沌序列的自相关性

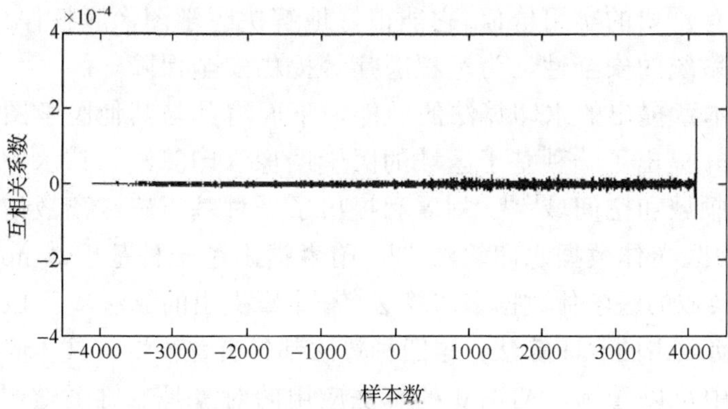

图 3-34　两个混沌序列的互相关性

(a)原始水印图像

(b)x_1=0.332 置乱的水印图像

(c)x_2=0.3320001 逆置乱的水印图像

(d)x_1=0.332 逆置乱的水印图像

图 3-35　密钥敏感性实验

另外，Legendre 混沌神经网络的权值和网络结构也都是密钥，密钥空间非常大，混沌序列与初始值的关系隐藏在 Legendre 混沌神经网络中，本质上是无法破解的。每次置乱时，只需要改变初始值，Legendre 混沌神经网络生成的混沌序列就完全不同，具有很好的随机性、复杂性、难以分析性和无法预测性，因此实现了“一次一密”。根据 Shannon 信息论原理，在理论上这种方法是绝对安全的。

3.7　讨　　论

目前医学图像水印的研究对象多为二维图像，而三维医学体数据的研究较少。然而，现有医疗设备所产生的医学图像大多是三维医学体数据。因此，三维医学体数据水印具有重要的实用价值。它能很好地解决医学图像版权保护和安全问题，增强医疗信息系统的安全性，为远程医疗等提供安全保障。

为了验证本章提出的水印算法的性能，下面将其与其他医学图像水印算法进行比较。Al-Haj 提出了一种基于区域的医学图像水印算法，该水印算法把水印嵌入医学图像的频域和空间域[58]。刘瑶利提出了一种基于三维离散傅里叶变换域和 Logistic 混沌的医学体数据水印算法[80]。隋淼提出了一种基于 Arnold 置乱和三维离散傅里叶变换域的医学体数据水印算法[29]。本章提出的算法基于 Legendre 混沌神经网络的抗几何攻击的水印算法。这四种算法都具有鲁棒性，具体情况如表 3-1 所示。从表 3-1 中可以看到，Al-Haj 的算法应用的对象是二维医学图像，没有对嵌入的水印进行置乱，安全性较低；本章提出的算法、刘瑶利的算法和隋淼的算法应用的对象是三维医学体数据，对嵌入的水印采取了置乱的方法，具有安全性。并且 Al-Haj 的算法嵌入水印时，会影响到医学图像的内容，进而可能影响医生的医学诊断。而本章提出的算法、刘瑶利的算法和隋淼的算法都是零水印算法，不存在这个问题。

表 3-1　本章算法与其他医学图像水印算法的比较

算法	对象	医学图像的内容	嵌入方式	鲁棒性
Al-Haj 的算法	二维医学图像	改变	频域和空间域	有
刘瑶利的算法	三维医学体数据	未改变	傅里叶变换域、零水印	有
隋淼的算法	三维医学体数据	未改变	傅里叶变换域、零水印	有
本章提出的算法	三维医学体数据	未改变	傅里叶变换域、零水印	有

与这三种水印算法相比，本章提出的算法引入了 Legendre 混沌神经网络，给鲁棒水印算法的安全性提供了保证。本章提出的算法的安全性依赖于混沌序列的安全性。初始值和混沌序列之间的关系隐藏在 Legendre 混沌神经网络中，在本质上是不可能被预测的，可以实现一次性加密。此外，密钥空间巨大，水印提取的密钥序列是很难被破解的。因此，本章提出的算法在理论上是绝对安全的。

为了进一步比较本章提出的算法、刘瑶利的算法和隋淼的算法的鲁棒性，依据这两种算法所使用的医学体数据和水印图像大小，对本章提出的算法在条件相同的情况下进行实验，并把结果与其他两种算法进行比较。

常规攻击下的各算法的比较结果如图 3-36 所示。图 3-36(a)是高斯噪声攻击下的各算法比较情况，横坐标表示高斯噪声强度，纵坐标是 NC；图 3-35(b)是 JPEG 压缩攻击下的各算法比较情况，横坐标表示 JPEG 压缩质量因子，纵坐标是 NC；图 3-36(c)是中值滤波攻击下的各算法比较情况，横坐标表示滤波次数，纵坐标是 NC。由图 3-36 可以看出，对于高斯噪声攻击和 JPEG 压缩攻击，本章提出的算法的 NC 远大于其他两种算法的 NC。即使对于中值滤波攻击，随着滤波次数的增加，本章提出的算法的 NC 也很明显比其他两种算法的 NC 大。因此，本章提出的算法具有的抗常规攻击的能力要强于其他两种算法。

几何攻击下的各算法的比较结果如图 3-37 所示。图 3-37(a)是旋转攻击下的各算法的比较情况，横坐标表示旋转度数，纵坐标是 NC；图 3-37(b)是缩放攻击下的各算法的比较情况，横坐标表示缩放因子，纵坐标是 NC；图 3-37(c)是平移攻击下的各算法的比较情况，横坐标表示移动距离，纵坐标是 NC；图 3-37(d)是

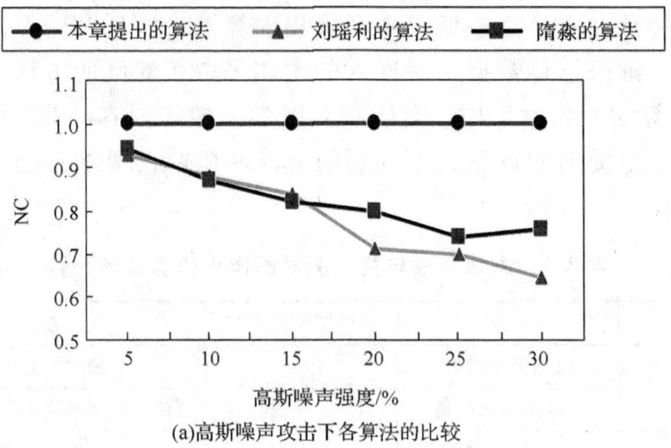

(a)高斯噪声攻击下各算法的比较

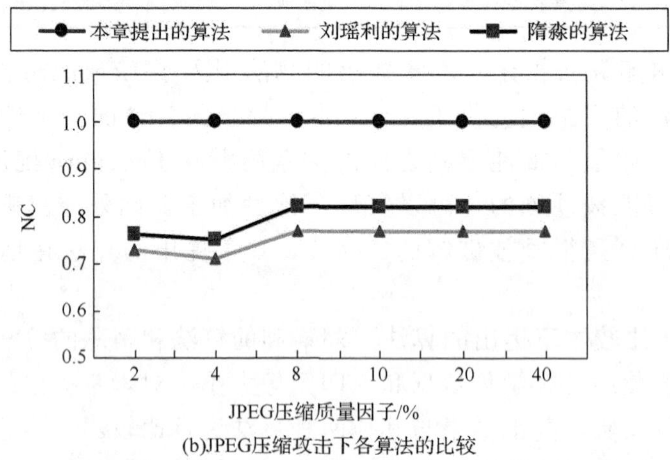

(b)JPEG压缩攻击下各算法的比较

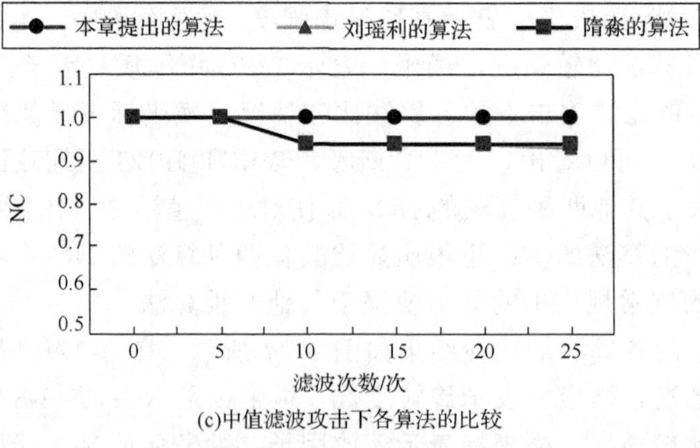

(c)中值滤波攻击下各算法的比较

图 3-36　常规攻击下各算法的比较

剪切攻击下的各算法比较情况，横坐标表示剪切因子，纵坐标是 NC。从图 3-37 可以看出，对于旋转攻击和平移攻击，本章提出的算法的 NC 也随着旋转度数和移动距离的增加而变小，但是本章提出的算法的 NC 下降得比其他两种算法缓慢，其 NC 一直都大于其他两种算法的 NC。对于缩放攻击，随着缩放因子的变化，本章提出的算法的 NC 也在变化，但很明显比其他两种算法的 NC 大。对于剪切攻击，本章提出的算法的 NC 也很明显地大于其他两种算法的 NC。因此，本章提出的算法具有的抗几何攻击的能力要强于其他两种算法。

通过以上对常规攻击和几何攻击的对比与分析，可以发现本章提出的算法的抗常规攻击和几何攻击的能力都明显强于其他两种算法。所以，本章提出的算法具有良好的鲁棒性，能够很好地抵抗常规攻击和几何攻击。

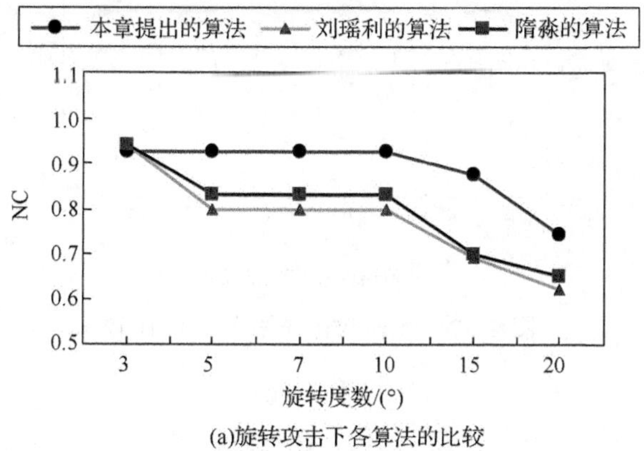

(a)旋转攻击下各算法的比较

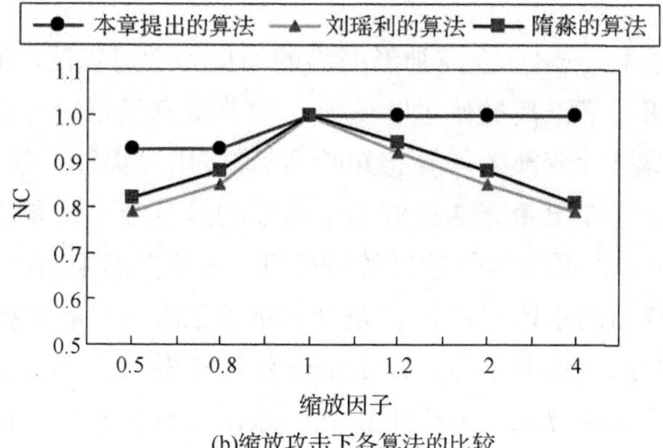

(b)缩放攻击下各算法的比较

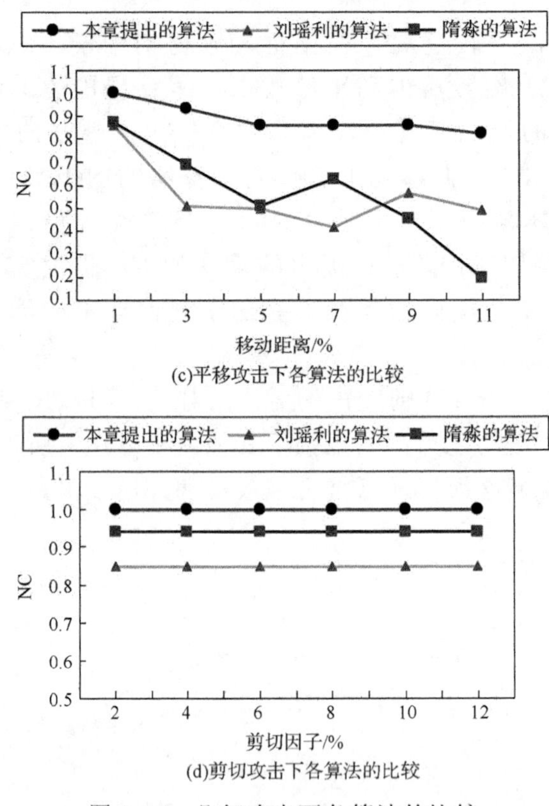

(c)平移攻击下各算法的比较

(d)剪切攻击下各算法的比较

图 3-37　几何攻击下各算法的比较

3.8　本 章 小 结

本章首先研究了 Legendre 混沌神经网络的结构和学习算法，并把它应用于水印图像的置乱，然后介绍了三维离散傅里叶变换，接着研究了差异感知哈希算法，提出了一种基于三维离散傅里叶变换的差异感知哈希算法，用来提取医学体数据的特征向量，通过验证证明该差异感知哈希算法提取的哈希序列具有唯一性和鲁棒性，可以作为医学体数据的特征向量。根据医学体数据的特殊性，本章提出了一种基于 Legendre 混沌神经网络的抗几何攻击的水印算法，它充分利用了三维傅里叶变换的特点和差异感知哈希算法鲁棒性的特点构造零水印。Legendre 混沌神经网络保证了该水印算法的安全性。实验结果表明该水印算法能有效抵抗几何攻击，具有不可见性、良好的鲁棒性和安全性，实现了盲提取。最后将本章提出的算法与其他算法进行了对比，对比结果表明该水印算法的性能比其他算法好很多，鲁棒性更强，更具有实用性。

第 4 章　基于 Chebyshev 混沌神经网络的大容量水印算法

4.1　引　　言

医学图像数字水印中，通常把患者信息、医生诊断信息、治疗情况等嵌入医学图像中。随着医疗信息技术的发展，也要把电子病历嵌入医学图像中，医学图像数字水印需要满足这个要求。因此，医学图像水印必须具有大容量水印嵌入的能力。通常的医学图像水印算法都是在医学图像的 RONI。然而，该区域大多是黑色的，嵌入水印的容量大小受到限制。此外，水印的容量大小也是衡量数字水印性能优劣的一个重要指标。

针对这个问题，本章提出一种基于 Chebyshev 混沌神经网络的大容量水印算法。它基于 Chebyshev 混沌神经网络、分块三维离散余弦变换和均值感知哈希。该水印算法具有分块三维离散余弦变换的变换特性和均值感知哈希的鲁棒性，实现了大容量的水印嵌入，能够抵抗常规攻击和几何攻击。该水印算法嵌入水印时，不会改变原始医学体数据，具有良好的不可见性。此外，该水印算法采用 Chebyshev 混沌神经网络进行置乱，安全性能高。

4.2　Chebyshev 混沌神经网络

混沌是一个类似随机过程的非线性确定系统。把两个非常相似的初始值转换，利用同一个混沌函数进行迭代计算，经过一定的迭代次数后，产生的数值序列就会变得无关。由于混沌信号具有隐蔽性、不可预测性、复杂度高和易于实现等特性，其非常适用于保密通信。由于神经网络也是一个非线性的动态系统，具有非线性的特征，所以神经网络与混沌密切相关，且经常把两者结合起来构成混沌神经网络。因此，混沌神经网络被认为是一种能够实现真实世界计算的智能信息处理系统，研究表明，混沌神经网络具有非常丰富的动态特性，与传统的神经网络有很大的不同。

本章使用如图 4-1 所示的 Chebyshev 混沌神经网络。隐层神经元的激励函数选用 Chebyshev 多项式。Chebyshev 混沌神经网络产生用于置乱的混沌序列。其性能非常接近理想的混沌序列，且密钥空间大。

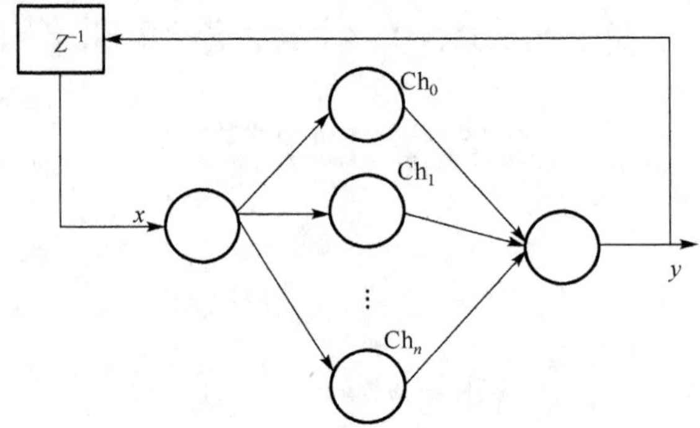

图4-1 Chebyshev 混沌神经网络

定义 4.1

$$\mathrm{Ch}_n(x)=\cos(n\arccos x) \tag{4-1}$$

$$\rho(x)=\frac{1}{\sqrt{1-x^2}} \tag{4-2}$$

式中，$x\in[-1,1]$。式(4-1)称为第一种 Chebyshev 多项式。式(4-2)称为权值函数。式(4-1)是关于式(4-2)的 n 次正交多项式。

由式(2-11)和式(2-14)可以得到第一种 Chebyshev 正交多项式。其递推公式如下：

$$\begin{cases}\mathrm{Ch}_0(x)=1\\ \mathrm{Ch}_1(x)=x\\ \mathrm{Ch}_{k+1}(x)=2x\mathrm{Ch}_k(x)-\mathrm{Ch}_{k-1}(x),\ k=1,2,3,\cdots\end{cases} \tag{4-3}$$

定义 4.2

$$\mathrm{Chh}_n(x)=\frac{\sin[(1+n)\arccos x]}{\sqrt{1-x^2}} \tag{4-4}$$

式中，$x\in[-1,1]$。式(4-4)称为第二种 Chebyshev 多项式。式(4-4)是关于式(4-2)的 n 次正交多项式。

同理，由式(2-11)和式(2-14)可以得到第二种 Chebyshev 正交多项式。其递推公式如下：

$$\begin{cases}\mathrm{Chh}_0(x)=1\\ \mathrm{Chh}_1(x)=2x\\ \mathrm{Chh}_{k+1}(x)=2x\mathrm{Chh}_k(x)-\mathrm{Chh}_{k-1}(x), \quad k=1,2,3,\cdots\end{cases} \tag{4-5}$$

在这里，式(4-3)和式(4-5)所定义的多项式函数称为 Chebyshev 正交基函数。

该混沌神经网络共有三层。令隐层神经元数目为 n，w_j 是输入层至隐层的权值，隐层神经元激励函数采用式(4-3)和式(4-5)所定义的 Chebyshev 正交基函数。

Chebyshev 混沌神经网络隐层神经元输出为

$$O_j=\mathrm{Ch}_j(w_j x), \quad j=0,1,\cdots,n \tag{4-6}$$

令 c_j 是隐层至输出层的权值，则 Chebyshev 混沌神经网络为

$$y=\sum_{j=0}^{n} c_j \mathrm{Ch}_j(O_j) \tag{4-7}$$

令训练样本是 (T_t,d_t)，$T_t=(x_{1t},x_{2t},\cdots,x_{mt})$，$t=1,2,\cdots,l$。$T_t=(x_{1t},x_{2t},\cdots,x_{mt})$ 是 Chebyshev 混沌神经网络的输入，d_t 是 Chebyshev 混沌神经网络的期望输出。

令误差为

$$e_t=d_t-y_t \tag{4-8}$$

则网络训练指标为

$$E=\frac{1}{2}\sum_{t=1}^{l} e_t^{\,2} \tag{4-9}$$

网络权值调整公式如下：

$$\Delta c_j=-\eta\frac{\partial E}{\partial c_j}=\eta e_t \mathrm{Ch}_j(O_j) \tag{4-10}$$

$$\Delta w_j=-\eta\frac{\partial E}{\partial w_j}=\eta e_t c_j \mathrm{Ch}'_j(O_j)x \tag{4-11}$$

$$\begin{cases}w_j(k+1)=w_j(k)+\Delta w_j(k)\\ c_j(k+1)=c_j(k)+\Delta c_j(k)\end{cases} \tag{4-12}$$

式中，k 是训练次数；学习率 $0<\eta<1$；$j=1,2,\cdots,n$；$t=1,2,\cdots,l$。

4.3　分块三维离散余弦变换

离散余弦变换是一种简化傅里叶变换的重要方法，是数字图像处理中的一种

重要方法。许多重要的图像算法都是基于离散余弦变换的。同时，离散余弦变换算法具有运算速度快、精度高、易于实现的优点。目前，它已被广泛应用于图像处理中，并已成为一系列图像编码国际标准的核心部分。

对于 $M\times N\times P$ 的体数据 $f(x,y,z)$，其三维离散余弦正变换是

$$\begin{aligned}F(u,v,w)=&c(u)c(v)c(w)\sum_{x=0}^{M-1}\sum_{y=0}^{N-1}\sum_{z=0}^{P-1}f(x,y,z)\\&\times\cos\frac{(2x+1)u\pi}{2M}\cos\frac{(2y+1)v\pi}{2N}\cos\frac{(2z+1)w\pi}{2P},\end{aligned}\tag{4-13}$$

$$u=0,1,\cdots,M-1,\ v=0,1,\cdots,N-1,\ w=0,1,\cdots,P-1$$

式中，

$$c(u)=\begin{cases}\sqrt{1/M}, & u=0\\ \sqrt{2/M}, & u=1,2,\cdots,M-1\end{cases},\quad c(v)=\begin{cases}\sqrt{1/N}, & v=0\\ \sqrt{2/N}, & v=1,2,\cdots,N-1\end{cases}$$

$$c(w)=\begin{cases}\sqrt{1/P}, & w=0\\ \sqrt{2/P}, & w=1,2,\cdots,P-1\end{cases}$$

其三维离散余弦逆变换是

$$\begin{aligned}f(x,y,z)=&\sum_{u=0}^{M-1}\sum_{v=0}^{N-1}\sum_{w=0}^{P-1}c(u)c(v)c(w)F(u,v,w)\\&\times\cos\frac{(2x+1)u\pi}{2M}\cos\frac{(2y+1)v\pi}{2N}\cos\frac{(2z+1)w\pi}{2P}\end{aligned}\tag{4-14}$$

在这里，体数据 (x,y,z) 处的值是 $f(x,y,z)$。$F(u,v,w)$ 是三维离散余弦变换的系数。

由于离散余弦变换的计算比较复杂，在实际使用的过程中，通常事先对图像进行分块，对每一个子块进行离散余弦变换，然后再合并子块，这样能提高离散余弦变换的效率。本章利用分块三维离散余弦变换，首先把医学体数据分成 64 个子体数据，然后利用三维离散余弦变换对各子体数据进行变换，提取各子体数据的直流分量。

4.4　基于分块三维离散余弦变换的均值感知哈希算法

近年来，图像感知哈希算法是感知哈希的一个研究热点。图像感知哈希主要用于图像认证。感知特征提取采用了多种信号处理方法，与人的感知模型一致，

它可以去除感知冗余，并选择最有意义的感性特征。感知哈希值被认为具有很好的鲁棒性，前提是其能够准确地提取感知特征。

在传统图像感知哈希算法的基础上，本章提出一种基于分块三维离散余弦变换的均值感知哈希算法。该感知哈希算法就是利用分块三维离散余弦变换的直流分量与直流分量平均值之间的关系产生哈希序列的。因此该感知哈希算法被称为基于分块三维离散余弦变换的均值感知哈希算法。利用该均值感知哈希算法可生成体数据的哈希序列，具体步骤如下。

(1) 把体数据分割成 8×8 个子体数据。

(2) 对各子体数据进行三维离散余弦变换，并选择各子体数据三维离散余弦变换的直流分量，共 8×8 个。

(3) 根据式(4-15)，对选择的直流分量进行标准化处理：

$$S=\frac{O-m}{\eta} \tag{4-15}$$

式中，S 为标准化向量；O 为初始向量；m 为初始向量的平均值；η 为初始向量的标准偏差。

(4) 计算 8×8 个标准化的直流分量的平均值。

(5) 对 8×8 个标准化的直流分量与平均值进行比较。如果标准化的直流分量大于或等于平均值，则对应的感知哈希值为 1，否则，对应的感知哈希值为 0。

(6) 构建哈希序列。把比较后产生的哈希值放在一起，就生成了一个 64 位的二值哈希序列。

通过基于分块三维离散余弦变换的均值感知哈希算法，可以把原始医学体数据映射到一个 64 位的二值哈希序列。该二值哈希序列包含了原始医学体数据的特征，也被称为原始医学体数据的特征向量。本章利用感知哈希算法的唯一性和鲁棒性构造零水印，因此，接下来对基于分块三维离散余弦变换的均值感知哈希算法的唯一性和鲁棒性进行分析。

1) 唯一性分析

根据图像感知哈希算法的唯一性，两个内容不同的图像产生的哈希序列是不同的，也就是每个医学体数据产生唯一的哈希序列。为了验证提出的均值感知哈希算法的唯一性，本章选用 12 个不同的医学体数据进行测试，不同的医学体数据如图 3-2 所示。其中，图 3-2(a)～图 3-2(c)都是头部体数据，图 3-2(f)和图 3-2(g)都是肝脏体数据，形状相近，其他医学体数据有的形状也相近。唯一性具体分析过程如下。

(1)利用提出的基于分块三维离散余弦变换的均值感知哈希算法分别对这 12 个医学体数据特征进行哈希值提取，得到与各医学体数据对应的 64 位二值哈希序列，共 12 组。

(2)把这 12 组 64 位二值哈希序列两两匹配，根据汉明距离公式(2-49)计算哈希序列间的距离。

通过计算共得到 66 个匹配结果，图 4-2 是不同医学体数据间哈希序列汉明距离统计直方图，图中横轴表示哈希序列的汉明距离，纵轴表示相同汉明距离的频率次数。

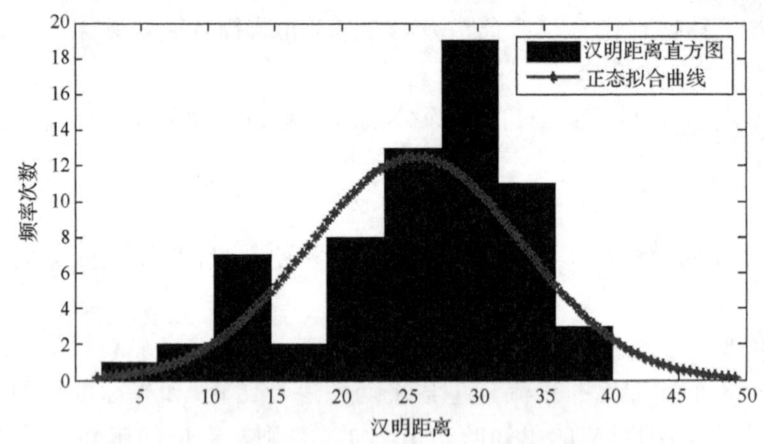

图 4-2 不同医学体数据间哈希序列汉明距离统计直方图

(3)对匹配结果进行正态分布曲线拟合和计算，得到其数学期望是 25.4848，方差是 7.9173。

(4)根据统计直方图和实际情况，选择阈值，求得统计概率。

从图 4-2 中可以得到，汉明距离小于 1，表明两个医学体数据的哈希序列匹配，即两个医学体数据生成的哈希序列相同；汉明距离大于或等于 1，表明两个医学体数据的哈希序列不同，即医学体数据生成了唯一的哈希序列。因此，选择阈值 T=1，根据式(3-13)，可求得统计概率为 4.2223×10^{-4}。

根据以上结果，可以得出两个哈希序列间汉明距离小于 1 的概率非常小，可以保证医学体数据生成的哈希序列的唯一性，因此本章提出的基于分块三维离散余弦变换的均值感知哈希算法具有唯一性，可以作为医学体数据的特征向量。

2)鲁棒性分析

选择如图 3-4(a)所示的医学体数据作为原始医学体数据测试鲁棒性，其切片图像如图 3-4(b)所示，该医学体数据是 MATLAB 软件自带的 MRI 体数据。鲁棒性分析具体过程如下。

(1)对该医学体数据进行抗攻击性实验。图 3-5 显示的是常规攻击下的医学体数据和对应的切片图像，图 3-6 显示的是几何攻击下的医学体数据和对应的切片图像。

(2)利用提出的基于分块三维离散余弦变换的均值感知哈希算法对原始医学体数据和攻击后的医学体数据进行特征提取，生成 64 位二进制哈希序列。

(3)计算攻击后的医学体数据的哈希序列与原始医学体数据的哈希序列两者之间的匹配值。

匹配值等于哈希序列的长度减去哈希序列间的汉明距离。匹配值的大小表示匹配的两个哈希序列是否相同或相近。利用式(3-14)分别计算攻击后的各医学体数据的哈希序列与原始医学体数据的哈希序列间的匹配值，计算结果如图 4-3 所示。

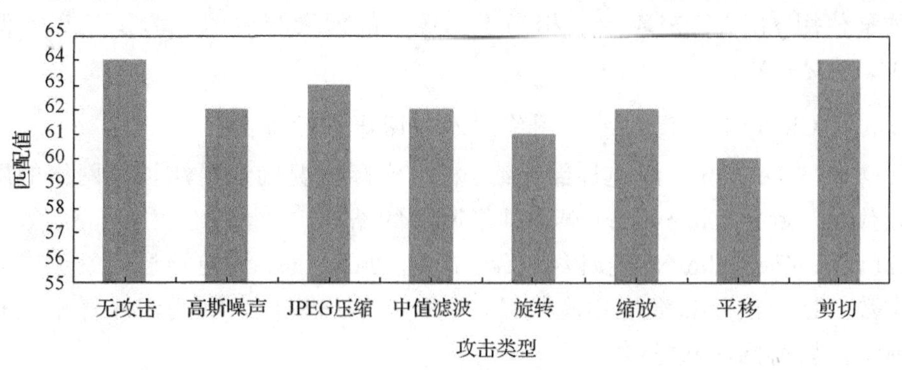

图 4-3 抗攻击实验

图 4-3 中，纵轴表示哈希序列间的匹配值，横轴表示攻击类型，其中第一类是无攻击，匹配值最大为 64。第二类是高斯噪声攻击，噪声强度为 10%；第三类是 JPEG 压缩攻击，压缩质量因子为 2%；第四类是中值滤波攻击，即做中值[5×5]滤波 10 次；第五类是旋转攻击，即顺时针旋转 10°；第六类是缩放攻击，缩放因子为 0.5；第七类是平移攻击，即垂直下移 5%；第八类是剪切攻击，即从 Z 轴剪切 5%。

从图 4-3 中可以看出，攻击后医学体数据的哈希序列与原始医学体数据的哈希序列间的匹配值都大于 60，这表明提取的哈希序列有很好的鲁棒性，能抵抗常规攻击和几何攻击，因此本章提出的基于分块三维离散余弦变换的均值感知哈希算法具有很好的鲁棒性。

综上所述，利用分块三维离散余弦变换对医学体数据进行变换，然后提取各直流分量，利用均值感知哈希算法生成 64 位二进制值哈希序列，作为医学体数据的特征向量，该特征向量具有唯一性和鲁棒性，因此可利用该特征向量构造零水印。

4.5 大容量水印嵌入与提取算法

4.5.1 大容量水印嵌入算法

选择一个具有特定含义的图像，把它作为实验中的原始水印图像，记作 $W=\{w(i,j)\mid w(i,j)=0,1;1\leqslant i\leqslant M_1,1\leqslant j\leqslant M_2\}$，原始水印图像的像素灰度值用 $w(i,j)$ 来表示。原始医学体数据选用 MATLAB 软件中的 MRI 大脑体数据，记作 $F(i,j,k)=\{f(i,j,k)\mid f(i,j,k)\in R;1\leqslant i\leqslant M,1\leqslant j\leqslant N,1\leqslant k\leqslant P\}$。这里，原始医学体数据的体素值用 $f(i,j,k)$ 来表示，相当于图像中的像素灰度值。为了计算方便，令 $M_1=M_2$， $M=N$。

1) 利用 Chebyshev 混沌神经网络对水印图像进行置乱

(1) 构造 Chebyshev 混沌神经网络。根据实际情况确定混沌神经网络的层数和神经元数目，确定 Chebyshev 混沌神经网络的结构。

(2) 训练 Chebyshev 混沌神经网络。确定 Chebyshev 混沌神经网络训练的最大训练次数、期望误差和混沌样本数目，初始化网络权值，利用混沌样本集对网络进行训练，获得网络权值。

(3) 生成混沌序列。由初始值 x_0，通过训练后的 Chebyshev 混沌神经网络生成混沌序列 $X(j)$。

(4) 置乱原始水印图像。按照混沌值的大小对混沌序列 $X(j)$ 排序，得到顺序序列 $L(j)$，根据顺序序列 $L(j)$，对水印图像中的像素位置进行置乱，得到置乱的水印 $\mathrm{BW}(i,j)$。

2) 利用基于分块三维离散余弦变换的均值感知哈希算法提取原始医学体数据的哈希序列 $\mathrm{PH}(j)$

第一，把医学体数据 $F(i,j,k)$ 分成 8×8 个子体数据 $F_{8\times8}(i,j,k)$；第二，对各子体数据 $F_{8\times8}(i,j,k)$ 分别进行三维离散余弦变换，选择各子体数据三维离散余弦变换的直流分量 $\mathrm{FF}_{8\times8}(i,j,k)$，共 8×8 个；第三，根据式(4-15)对选择的 8×8 个直流分量 $\mathrm{FF}_{8\times8}(i,j,k)$ 进行标准化处理，得到标准化处理后的各子体数据三维离散余弦变换的直流分量 $\mathrm{FFF}_{8\times8}(i,j,k)$然后利用均值感知哈希算法，得到 64 位二进制哈希序列 PH(j)。详细过程如下：

$$F_{8\times8}(i,j,k)=\text{Fen}(F(i,j,k)) \tag{4-16}$$

$$\text{FF}_{8\times8}(i,j,k)=\text{3D}-\text{DCT}(F_{8\times8}(i,j,k)) \tag{4-17}$$

$$\text{FFF}_{8\times8}(i,j,k)=\text{BZH}(\text{FF}_{8\times8}(i,j,k)) \tag{4-18}$$

$$\text{PH}(j)=\text{mHash}(\text{FFF}_{8\times8}(i,j,k)) \tag{4-19}$$

式中，Fen(·)表示医学体数据分成 8×8 个子体数据；BZH(·)为标准化处理；mHash(·)表示均值感知哈希计算。

3) 使用哈希函数，将置乱的水印图像嵌入医学体数据中，生成提取密钥 Key(i,j) 用来提取水印图像

提取密钥 Key(i,j) 表达式如下：

$$\text{Key}(i,j)=\text{PH}(j)\oplus\text{BW}(i,j) \tag{4-20}$$

提取密钥 Key(i,j) 可以保存在第三方，以便用于以后的水印提取。

4.5.2　大容量水印提取算法

1) 利用基于分块三维离散余弦变换的均值感知哈希算法提取待测医学体数据的哈希值 PH′(j)

用 $F'(i,j,k)$ 代表接收的待测医学体数据，根据上述水印嵌入算法的第一步，对待测医学体数据进行分割和三维离散余弦变换，利用均值感知哈希算法提取出待测医学体数据，得到 64 位二进制哈希序列 PH′(j)。详细步骤如下：

$$F'_{8\times8}(i,j,k)=\text{Fen}(F'(i,j,k)) \tag{4-21}$$

$$\text{FF}'_{8\times8}(i,j,k)=3D-\text{DCT}(F'_{8\times8}(i,j,k)) \tag{4-22}$$

$$\text{FFF}'_{8\times8}(i,j,k)=\text{BZH}(\text{FF}'_{8\times8}(i,j,k)) \tag{4-23}$$

$$\text{PH}'(j)=m\text{Hash}(\text{FFF}'_{8\times8}(i,j,k)) \tag{4-24}$$

2) 从待测医学体数据中，提取出水印图像 BW′(i,j)

依据提取密钥 Key(i,j) 和步骤 1) 所提取出的待测医学体数据的哈希序列 PH′(j)，再次利用哈希函数，从待测医学体数据中，提取出水印图像 BW′(i,j)：

$$\text{BW}'(i,j)=\text{Key}(i,j)\oplus\text{PH}'(j) \tag{4-25}$$

3) 利用 Chebyshev 混沌神经网络对提取的水印图像进行逆置乱，还原出水印图像

(1) 生成混沌序列。利用相同的初始值 x_0，通过相同的 Chebyshev 混沌神经网络生成混沌序列 $X(j)$。

(2) 还原提取的水印图像。按照混沌值的大小对混沌序列 $X(j)$ 排序，获得顺序序列 $L(j)$，根据顺序序列 $L(j)$，对提取的水印图像中的像素位置进行逆置乱，得到还原的水印图像 $W'(i,j)$。

4) 采用 NC 对从待测医学体数据中得到的水印图像 $W'(i,j)$ 进行检测

NC 公式见式(3-23)，且使用 PSNR 对受攻击的待测医学体数据的图像质量进行评估。PSNR 公式见式(3-24)。

4.6 实验与分析

为了验证本章提出的水印算法的有效性，下面对该水印算法进行仿真实验。仿真软件采用 MATLAB 2010a，采用的原始医学体数据来自 MATLAB 软件自身的磁共振医学体数据(MRI.mat)，大小为 128×128×27 像素，表示为 $F(i,j,k)$，其中 $1 \leqslant i,j \leqslant 128$，$1 \leqslant k \leqslant 27$。

Chebyshev 混沌神经网络采用单隐层结构，隐层选用 4 个神经元，输出层选择 1 个神经元。训练样本数目为 2000；最大训练次数是 1500 次；期望误差是 10^{-6}。训练过程如图 4-4 所示，当经过 201 次训练后，误差已达到期望误差。选择含有特定含义的图像作为原始水印图像，其大小为 64×64，记作 $W=\{w(i,j)\,|\,w(i,j)=0,1;\ 1 \leqslant i \leqslant M_1, 1 \leqslant j \leqslant M_2\}$。利用训练后的 Chebyshev 混沌神经网络生成的用来置乱的混沌序列如图 4-5 所示。原始水印图像与置乱后的水印图像分别如图 4-6(a)和图 4-6(b)所示。

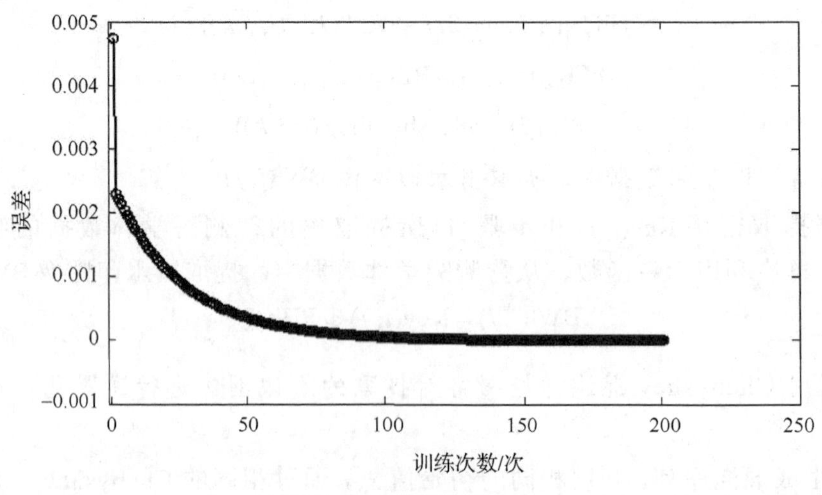

图 4-4 训练误差曲线

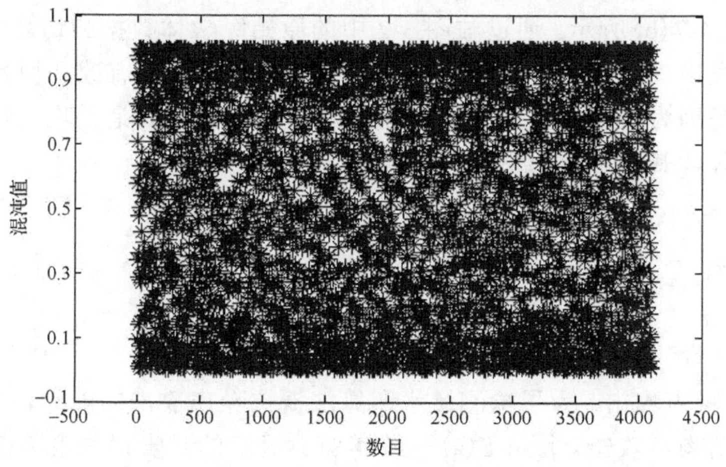

图 4-5　用来置乱的混沌序列

(a) 原始水印图像

(b) 置乱后的水印图像

图 4-6　水印图像

4.6.1　不可见性

图 4-7(a) 显示的是嵌入水印后的医学体数据，为了更好地区分嵌入水印后的医学体数据和原始医学体数据，嵌入水印后的医学体数据的第 10 个切片图像(以

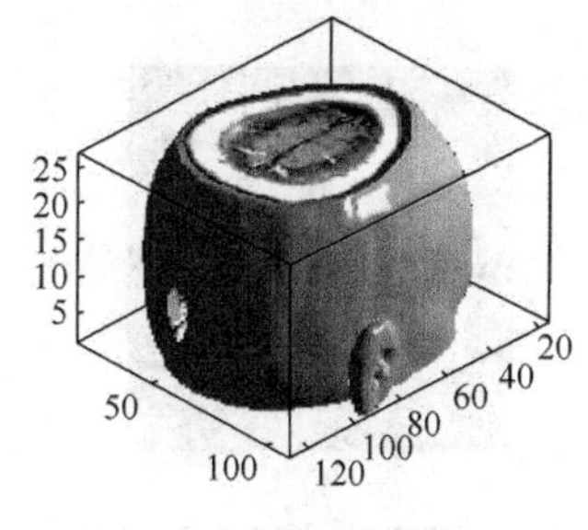

(a)含水印的医学体数据

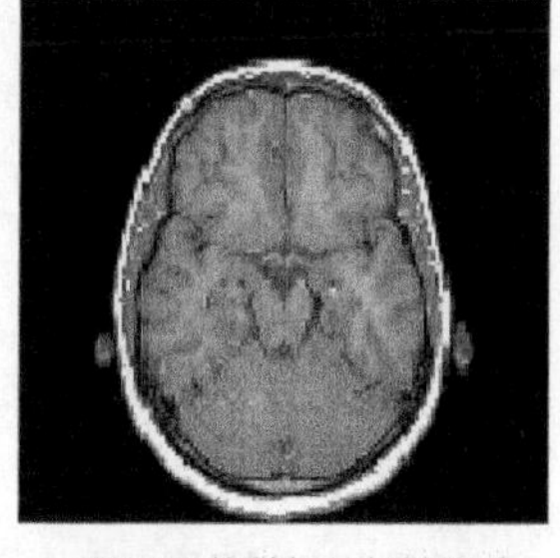
(b)医学体数据的切片图像

(c)提取的水印图像

图 4-7　水印的不可见性实验

下相同)如图 4-7(b)所示。通过与图 3-2 中的原始医学体数据和切片图像对比，可以很清楚地发现，它们没有任何改变，表明嵌入的水印没有改变原始医学体数据的内容。这是因为采用的是零水印嵌入。图 4-7(c)给出的是无攻击情况下提取出来的水印图像，其 NC 是 1，与原始水印图像相同。因此该水印算法满足水印的不可见性。

4.6.2 鲁棒性

1)常规攻击

(1)高斯噪声攻击。为了检测该水印算法抵抗噪声攻击的能力，对待测医学体数据进行高斯噪声攻击。图 4-8(a)～图 4-8(c)显示的是噪声强度为 20%时的实验结果，从图中可以看出，医学体数据被强度为 20%的高斯噪声攻击后，医学体数据和切片图像非常模糊，但水印图像仍然非常清楚，且 NC=1。继续对待测医学体数据添加其他强度的高斯噪声，其 NC 变化情况如图 4-9(a)所示。从图 4-9(a)中可以看到，即使噪声强度高达 80%，NC 也很大。因此，该水印算法能够抵抗高斯噪声攻击。

(2)JPEG 压缩攻击。图 4-8(d)～图 4-8(f)显示了 JPEG 压缩质量因子为 6%时的实验结果，从图中看出，压缩后医学体数据有些变形，但 NC=1。对待测医学体数据继续进行 JPEG 压缩攻击，其 NC 变化情况如图 4-9(b)所示。压缩质量因子从小到大，NC 都为 1，这说明该水印算法抗 JPEG 压缩攻击的能力非常强。

(3)中值滤波攻击。中值滤波有很多种。这里使用[5×5]中值滤波对待测医学体数据进行 10 次滤波，其结果如图 4-8(g)～图 4-8(i)所示。滤波后切片图像看不清楚，但水印图像非常清楚，NC=1。图 4-9(c)显示的是不同滤波次数情况下，NC 的变化趋势，从图中可以看出滤波次数达到 40 次时，NC 也接近 1。所以该水印算法具有抗中值滤波攻击的能力。

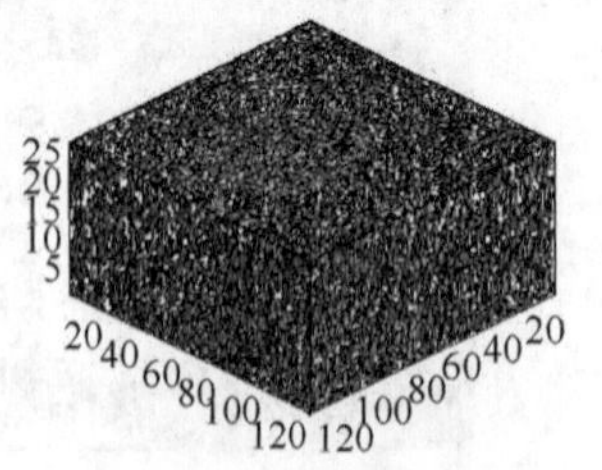

(a)高斯噪声攻击下的医学体数据

(b)高斯噪声攻击下的切片图像

NC=1
(c)高斯噪声攻击下的水印图像

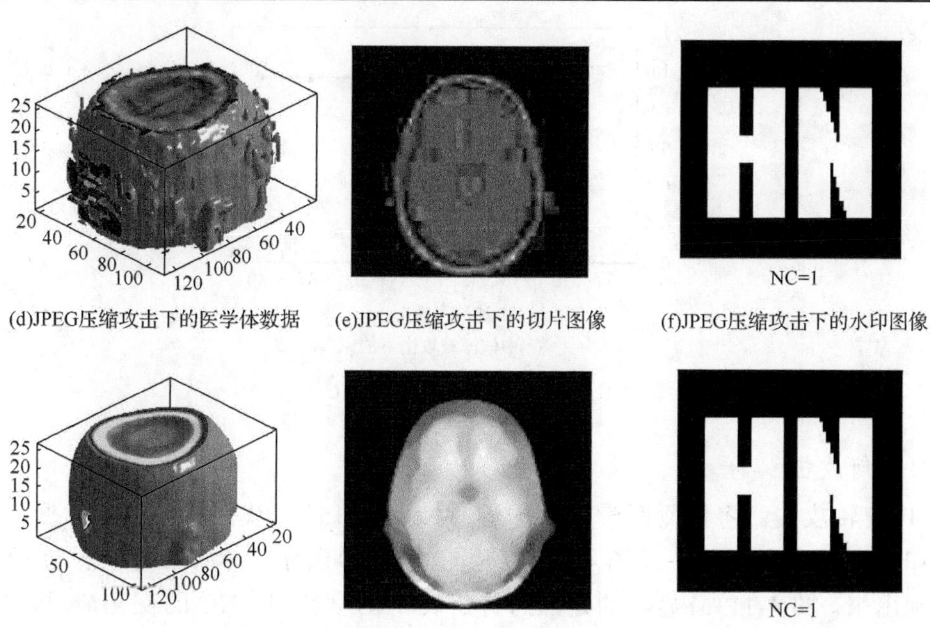

(d)JPEG压缩攻击下的医学体数据　(e)JPEG压缩攻击下的切片图像　(f)JPEG压缩攻击下的水印图像

(g)中值滤波攻击下的医学体数据　(h)中值滤波攻击下的切片图像　(i)中值滤波攻击下的水印图像

图 4-8　常规攻击下的实验结果

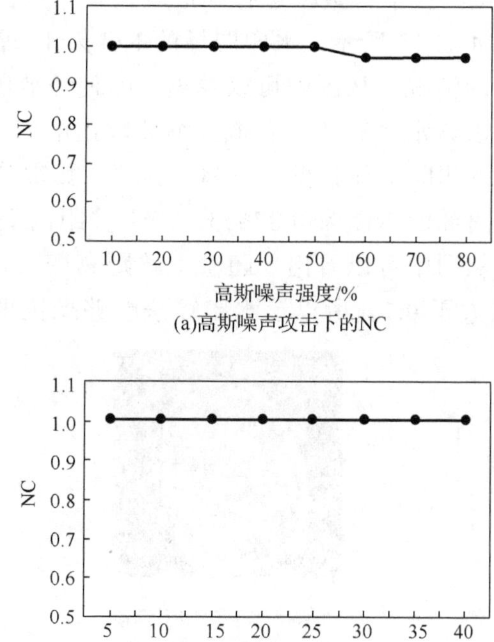

(a)高斯噪声攻击下的NC

(b)JPEG压缩攻击下的NC

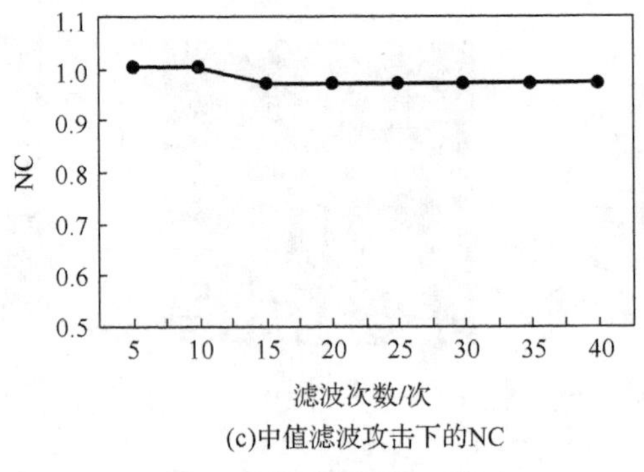

(c)中值滤波攻击下的NC

图 4-9　常规攻击下的 NC

2)几何攻击

(1)旋转攻击。将待测医学体数据顺时针旋转 15°，获得的医学体数据、切片图像和提取的水印图像，如图 4-10(a)～图 4-10(c)所示，水印图像仍然能很容易地识别出来。图 4-11(a)显示的是顺时针旋转不同度数时，NC 的变化情况，图中，随着旋转角度增加，NC 逐渐变小。当旋转度数达到 40°时，NC 依然大于 0.8。这表明对于旋转攻击，该水印算法具有良好的鲁棒性。

(2)缩放攻击。对待测医学体数据进行缩放攻击，缩放因子为 0.1 时，其实验结果如图 4-10(d)～图 4-10(f)所示，水印图像的 NC 为 1。图 4-11(b)给出了不同缩放因子情况下，NC 的情况，从图中可以看出，即使缩放因子是 0.02，NC 也大于 0.7，仍然很大。所以该水印算法具有抵抗缩放攻击的能力

(3)平移攻击。当待测医学体数据被下移 7%时，其实验结果如图 4-10(g)～图 4-10(i)所示，水印图像的 NC 为 0.87655。当下移距离变化时，对应的 NC 变化如图 4-11(c)所示，从图中可以看出，随着下移距离变大，NC 也逐渐变小。当下移 16%时，NC 依然大于 0.7。所以该水印算法能够抵抗平移攻击。

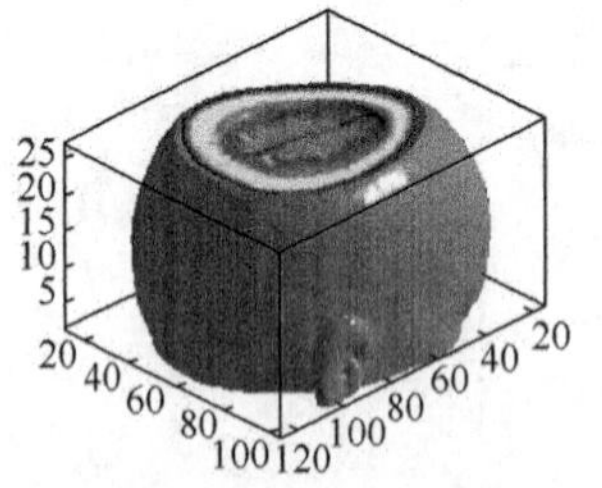

(a)旋转攻击下的医学体数据

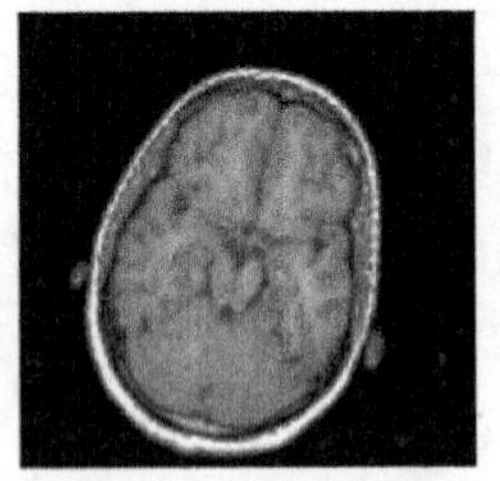

(b)旋转攻击下的切片图像

(c)旋转攻击下的水印图像

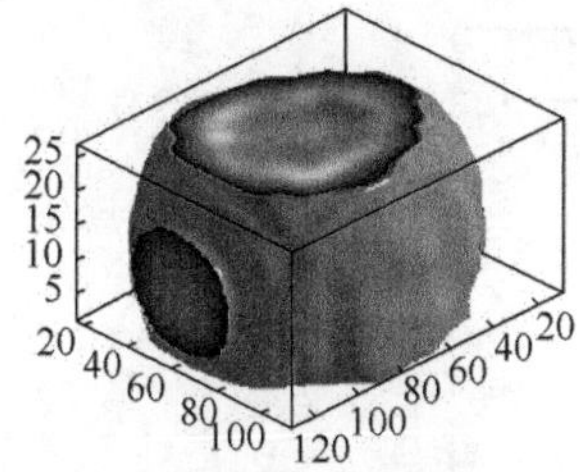

(d)缩放攻击下的医学体数据 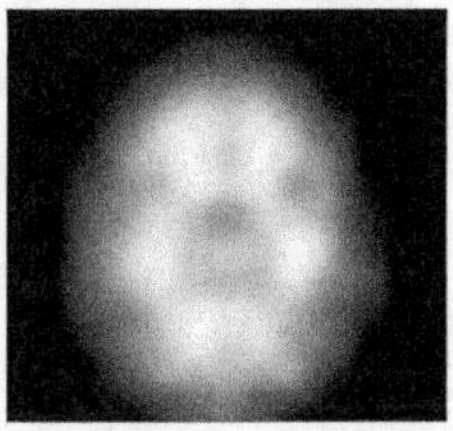　(e)缩放攻击下的切片图像 　NC=1 (f)缩放攻击下的水印图像

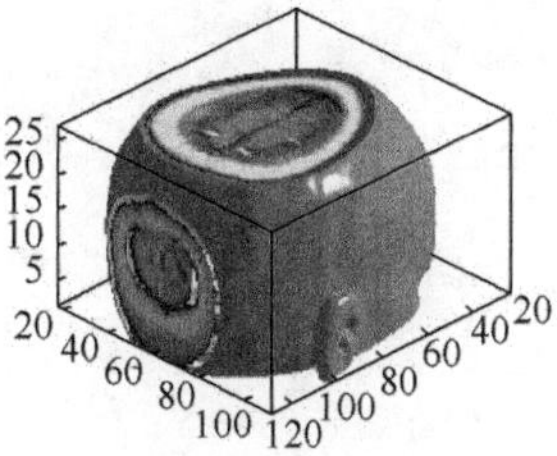

(g)平移攻击下的医学体数据 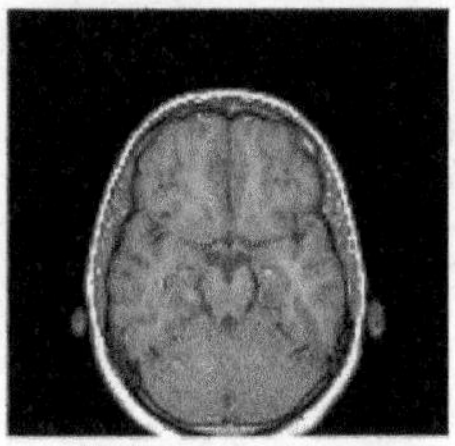　(h)平移攻击下的切片图像 　NC=0.87655 (i)平移攻击下的水印图像

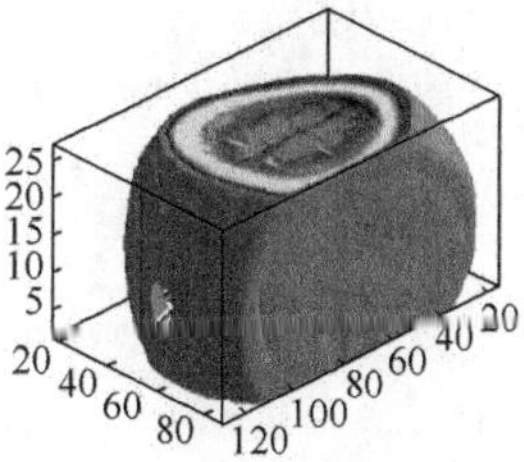

(j)剪切攻击下的医学体数据 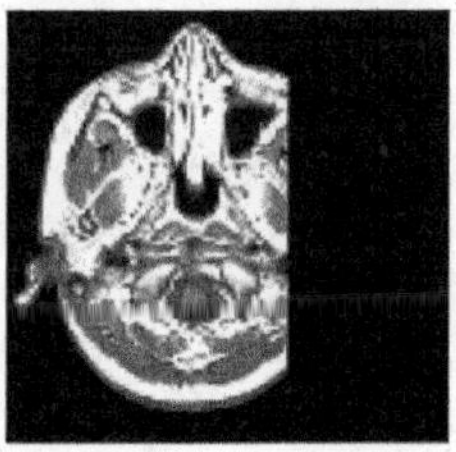　(k)剪切攻击下的切片图像 　NC=0.93728 (l)剪切攻击下的水印图像

图 4-10　几何攻击下的实验结果

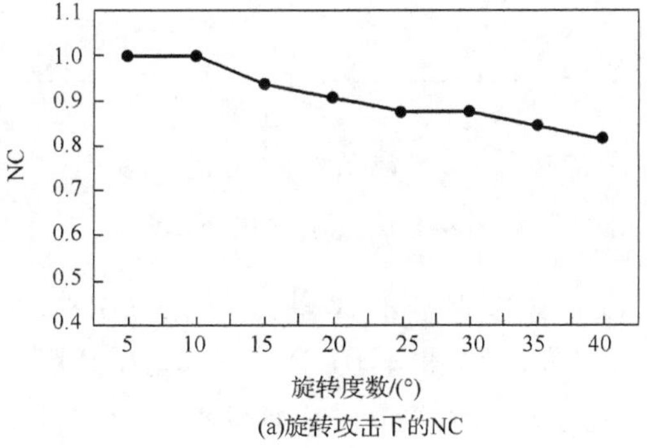

(a)旋转攻击下的NC

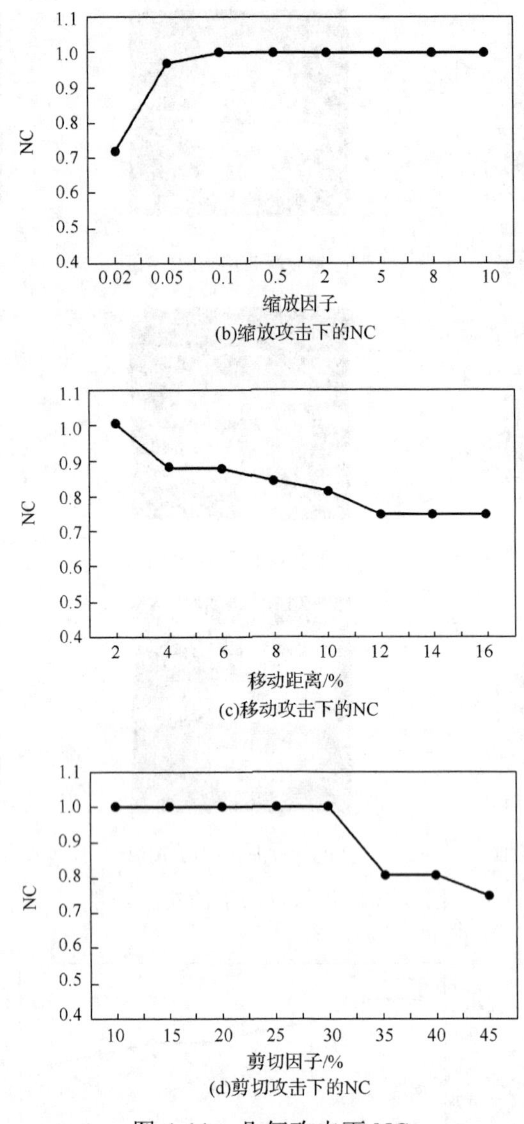

(b)缩放攻击下的NC

(c)移动攻击下的NC

(d)剪切攻击下的NC

图 4-11　几何攻击下 NC

(4)剪切攻击。当待测体数据被沿 X 轴方向剪去 32%时，获得的医学体数据、切片图像和提取的水印图像，如图 4-10(j)～图 4-10(l)所示，水印图像的 NC 为 0.93728。当剪切部分越来越大时，NC 越来越小，对应的 NC 变化如图 4-11(d)所示。当剪切掉 45%时，NC 依然大于 0.7。所以对于剪切攻击，该水印算法具有良好的鲁棒性。

4.6.3 安全性

安全性的分析过程与第 3 章类似。选择两个相差很微小的初始值进行检测。首先分别在同一个 Chebyshev 混沌神经网络产生两个序列，初始值分别为 0.77 和 0.76999999999999。利用 Lyapunov 指数来检测这两个序列是否具有混沌特性。最大 Lyapunov 指数求解过程如图 4-12 所示。最大 Lyapunov 指数值均为 0.2067。

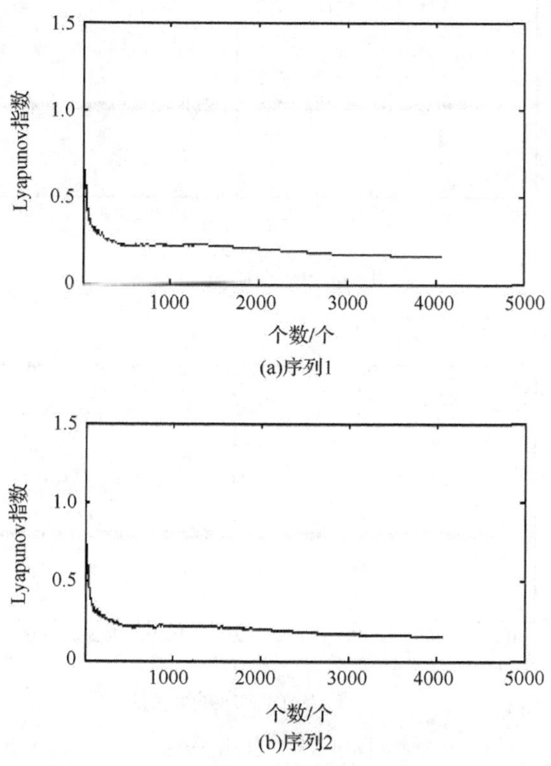

图 4-12　Lyapunov 指数仿真图

两个混沌序列的自相关性如图 4-13 所示，具有类似于白噪声的特性。图 4-14 显示的是这两个混沌序列的互相关性，它们的互相关性接近于 0。这表明 Chebyshev 混沌神经网络对初始值的敏感性非常强，尽管初始值差别很微小，但是产生的混沌序列差异很大。

利用这两个初始值差别很微小的混沌序列对水印图像进行置乱和还原。首先利用混沌序列 1 进行置乱，然后分别利用混沌序列 1 和混沌序列 2 进行还原，实验结果如图 4-15 所示。图 4-15(a)是原始水印图像，图 4-15(b)是利用初始值 0.77 生成的密钥对水印图像进行置乱的效果，图 4-15(c)是利用初始值 0.76999999999999

生成的密钥对置乱的水印图像进行还原的效果，图 4-15(d)是利用初始值 0.77 生成的密钥对水印图像进行还原的效果。从图 4-15 中很清楚地看到，生成密钥的初始值相差 10^{-14}，但还原后的水印图像无法识别。只有生成密钥的初始值相同时，才能还原出水印图像。否则无法还原。

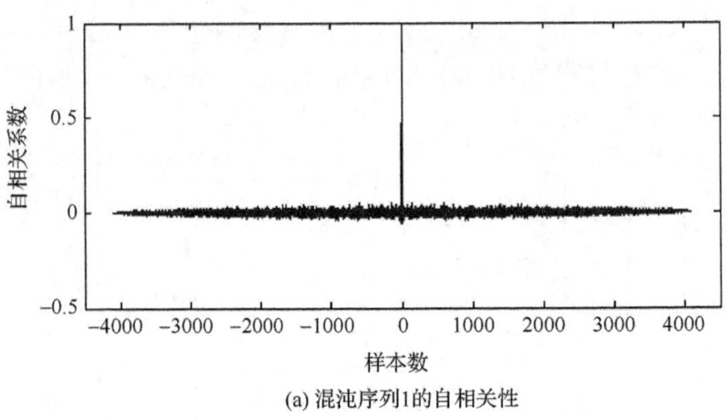

(a) 混沌序列1的自相关性

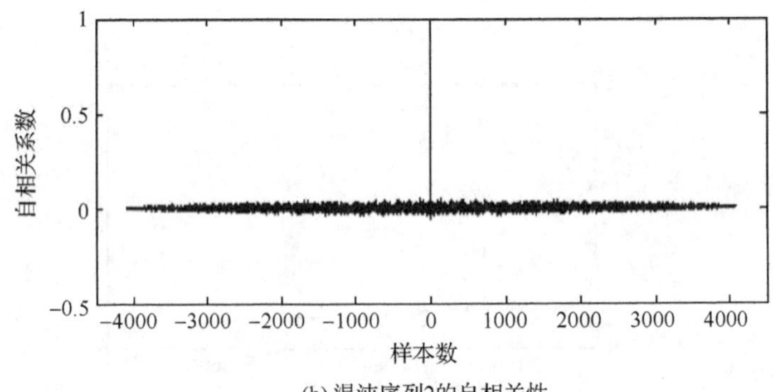

(b) 混沌序列2的自相关性

图 4-13　自相关性

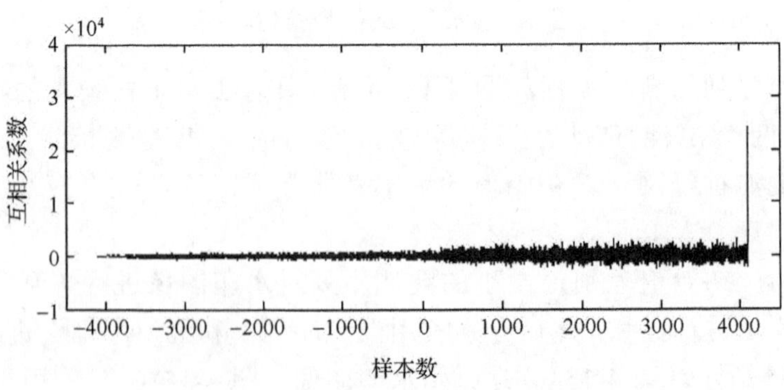

图 4-14　两个混沌序列的互相关性

(a) 原始水印图像

(b) 置乱的水印图像

(c) 不同密钥逆置乱的水印图像

(d) 相同密钥逆置乱的水印图像

图 4-15　密钥敏感性实验

水印置乱算法中的密钥是由初始值经 Chebyshev 混沌神经网络的映射产生的混沌序列。混沌序列与初始值的关系隐藏在 Chebyshev 混沌神经网络中，把混沌函数的显示映射转为混沌神经网络的隐式映射。根据混沌系统对初始值的极端敏感性，每次置乱时，只要改变初始值的大小，Chebyshev 混沌神经网络就会产生无法预测、完全不同的混沌序列，因此该算法的密钥是一次性的。理论和置乱实例分析表明该算法安全性高，本质上是无法破解的。

4.7　讨　　论

本章所提出的水印算法应用于三维医学体数据，嵌入的水印容量大，不需要选择一个 ROI，嵌入水印不影响原始医学体数据的质量，且不会影响医生的诊断。同时，针对水印抗几何攻击能力差的特点，将分块三维离散余弦变换应用到三维医学体数据。从三维离散余弦变换域中提取子体数据的直流分量，利用均值感知哈希算法构造特征向量。此外，原始水印图像置乱选用 Chebyshev 混沌神经网络，大大提高了水印的安全性。总之，本章提出了一种具有理想的抗攻击能力的大容量水印算法，水印提取不需要原始的医学体数据，实现了盲提取，对水印嵌入的容量没有限制，具有良好的可行性。

本章提出的算法与其他医学图像算法的对比如表 4-1 所示。Memon 和 Gilani

提出了一种医学图像鲁棒水印算法，首先分隔 RONI 和 ROI，然后把水印嵌入 RONI，这样就限制了嵌入水印的容量[139]。高琳提出了一种可逆的水印算法用于医学图像的版权保护，首先对医学图像进行整数离散余弦变换，然后利用图像块能量块选择算法选用嵌入水印的图像，提高了嵌入水印图像的质量，水印容量受到水印不可见性的限制[72]。胡艳芳提出了一种基于离散余弦变换的医学体数据水印算法，它和本章提出的算法都适用于医学体数据，都能嵌入大容量的水印[140]。医学体数据的特殊性在于，其嵌入的水印对原始医学体数据不做任何更改，特别是不能更改医学体数据的 ROI，避免影响医生的诊断。Memon 和 Gilani、高琳提出的算法是把水印直接嵌入医学体数据中，嵌入的水印容量越大，越会改变医学体数据的内容，影响医学诊断。而本章提出的算法和胡艳芳提出的算法都是零水印算法，没有对原始医学体数据做任何修改，使医学体数据具有良好的透明性，嵌入水印容量大，并利用了具有分块三维离散余弦变换的均值感知哈希算法的鲁棒性，具有很强的抗几何攻击能力，实现了水印的盲检测。

表 4-1 本章提出的算法与其他医学图像水印算法的比较

算法	对象	医学图像的内容	嵌入方式	容量
Memon 和 Gilani 的算法	二维医学图像	改变	RONI	受限制
高琳的算法	二维医学图像	改变	整数离散余弦变换	受限制
胡艳芳的算法	三维医学体数据	未改变	零水印	大
本章提出的算法	三维医学体数据	未改变	零水印	大

为了进一步比较本章提出的算法嵌入水印容量的性能，在条件相同的情况下，本章算法与胡艳芳的算法进行了比较。当原始医学体数据相同时，嵌入相同水印容量，根据水印容量和鲁棒性之间的关系可知，鲁棒性高的水印算法嵌入水印容量大。

常规攻击下的算法的比较结果如图 4-16 所示。图 4-16(a)是高斯噪声攻击下算法比较情况，在高斯噪声攻击下，这两种算法的 NC 都相等，表明这两种算法具有相同的鲁棒性，即在高斯噪声攻击下，这两种算法嵌入水印的容量相同。图 4-16(b)是 JPEG 压缩攻击下的算法比较情况，在 JPEG 压缩质量因子较小时，本章提出的算法的 NC 很明显较大，其他情况下，这两种算法的 NC 相同，表明对于 JPEG 压缩攻击，本章提出的算法具有较强的鲁棒性，即 JPEG 压缩攻击下，本章提出的算法嵌入水印的容量大。图 4-16(c)是中值滤波攻击下的算法比较情况，在各种中值滤波、滤波次数的情况下，本章提出的算法的 NC 很明显地比胡艳芳的算法的 NC 大，说明其抗中值滤波攻击的鲁棒性比较好，即中值滤波攻击下，本章提出的算法嵌入水印的容量大。所以在常规攻击下，本章提出的算法嵌入水印的容量要大于胡艳芳的算法。

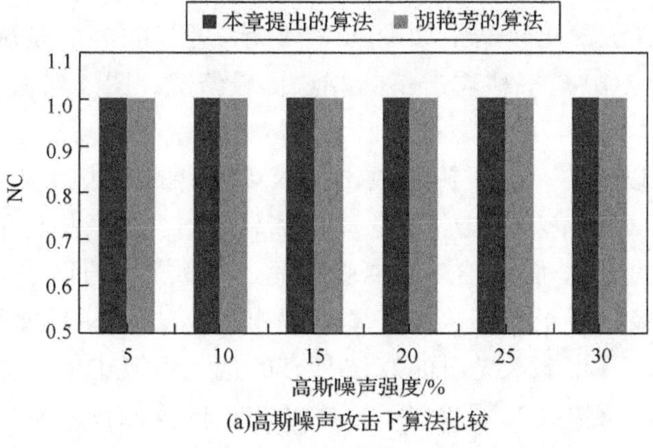

(a)高斯噪声攻击下算法比较

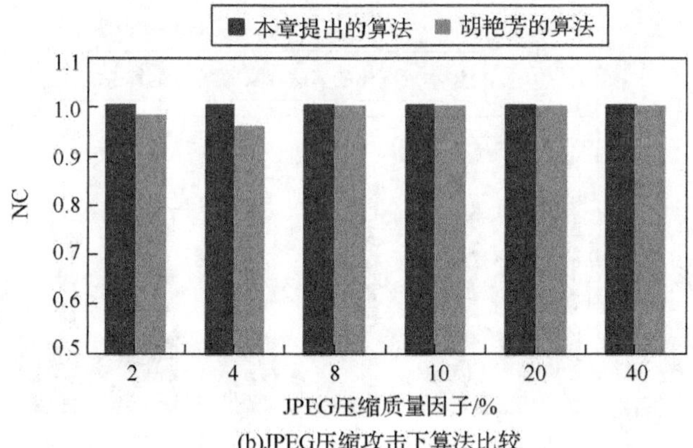

(b)JPEG压缩攻击下算法比较

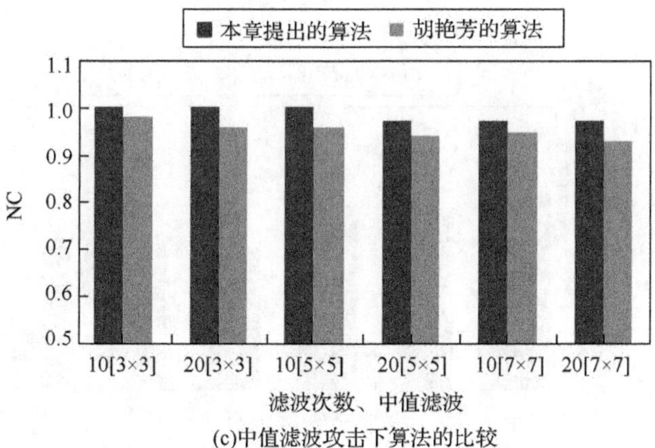

(c)中值滤波攻击下算法的比较

图 4-16　常规攻击下算法的比较

几何攻击下算法的比较结果如图 4-17 所示。图 4-17(a)是旋转攻击下的算法比较情况；图 4-17(b)是平移攻击下的算法比较情况；图 4-17(c)是剪切攻击下的算法比较情况。

从图 4-17 可以看出，对于旋转攻击，本章提出的算法的 NC 一直都大于胡艳芳的算法的 NC。对于平移攻击，在移动距离较小时，本章提出的算法的 NC 稍小于胡艳芳的算法的 NC，而在移动距离较大时，本章提出的算法的 NC 比胡艳芳的算法的 NC 大很多。对于剪切攻击，本章提出的算法的 NC 也很明显地大于胡艳芳的算法的 NC。因此本章提出的算法具有的抗几何攻击的鲁棒性要强于胡艳芳的算法的鲁棒性。所以在几何攻击下，本章提出的算法嵌入水印的容量也要大于胡艳芳的算法。

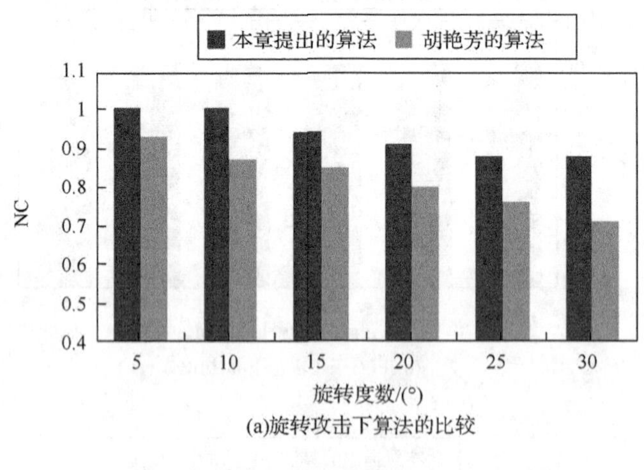

(a)旋转攻击下算法的比较

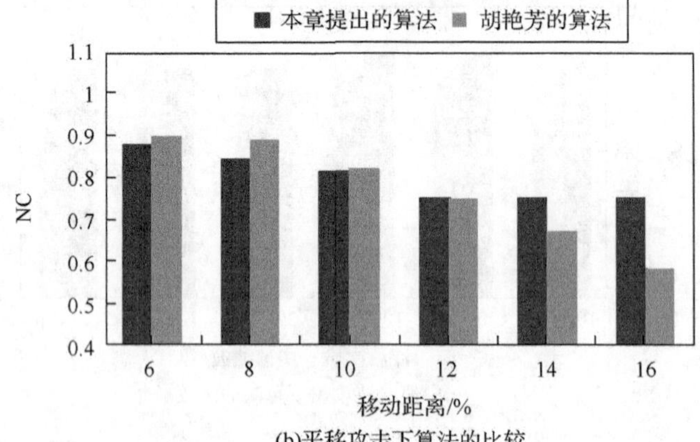

(b)平移攻击下算法的比较

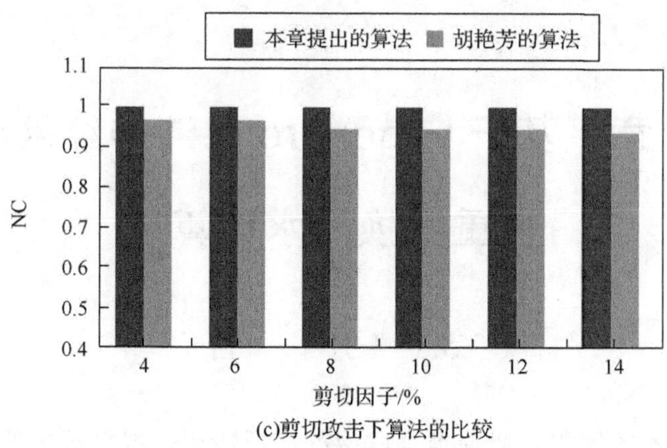

(c)剪切攻击下算法的比较

图 4-17　几何攻击下算法的比较

通过以上对常规攻击和几何攻击的对比与分析发现，本章提出的算法在常规攻击和几何攻击下嵌入水印的容量都明显大于胡艳芳的算法。所以，本章提出的算法嵌入水印的容量大，且能抵抗常规攻击和几何攻击。

4.8　本 章 小 结

本章首先研究了 Chebyshev 混沌神经网络的结构和学习算法，然后介绍了分块三维离散余弦变换，研究了感知哈希算法，提出了一种基于分块三维离散余弦变换的均值感知哈希算法，用来提取医学体数据的特征向量，通过验证，基于分块三维离散余弦变换的均值感知哈希算法提取的哈希序列具有唯一性和鲁棒性，可以作为特征向量。接着提出了一种基于 Chebyshev 混沌神经网络的大容量水印算法。实验结果表明，该水印算法具有以下特性：①实现了大容量的水印嵌入，医学体数据具有良好的不可见性，嵌入的水印对原始医学体数据不做任何更改；②利用离散余弦变换系数的低频稳定性特征和均值感知哈希算法的鲁棒性，提高了算法的鲁棒性；③Chebyshev 混沌神经网络中的初始值与混沌序列之间的关系，本质上是不可预测的，在理论上是绝对安全的；④水印提取不需要原始的医学体数据，实现了盲提取。最后与其他医学图像水印算法进行了对比，结果表明该水印算法嵌入水印的容量大，且能抵抗常规攻击和几何攻击。

第5章　基于Legendre混沌神经网络的多重变换域水印算法

5.1　引　　言

由于通信技术的发展，特别是互联网的广泛应用，越来越多的医学图像在公共网络中传输。当患者的个人信息通过网络传输时，患者的个人信息可能泄露。如何保护患者的个人信息变得越来越迫切。随着医疗成像设备的发展，在医院实际使用的大多数医学图像都是三维医学体数据，因此研究医学体数据数字水印意义重大。

为了使医学体数据数字水印更具有保护的作用，医学体数据数字水印算法必须具备较强的抵抗各种攻击的鲁棒性。针对目前医学体数据数字水印算法无法抵抗常规攻击和几何攻击的缺点，本章提出一种基于Legendre混沌神经网络的多重变换域水印算法。该水印算法基于三维离散小波变换、分块三维离散余弦变换、分块三维离散余弦逆变换和距离感知哈希算法。它在多重变换域上使用距离感知哈希算法构造零水印。该水印算法对常规攻击和几何攻击具有很强的鲁棒性，实验结果表明该水印算法还具有良好的抵抗常规攻击和几何攻击的能力。

5.2　Legendre混沌神经网络

与第3章一样，本章也采用Legendre混沌神经网络产生的混沌序列进行置乱。Legendre混沌神经网络结构如图3-1所示。产生的混沌序列由混沌神经网络的权值和混沌初始值确定。该Legendre混沌神经网络也采用Legendre多项式作为隐层神经元的激励函数。详细内容见3.2节。

5.3　三维离散小波变换

在许多情况下，最有用的信息隐藏在图像的频率部分。图像的频谱基本上是该图像的频率分量(谱分量)。一个图像的频谱显示了图像中存在的频率。小波变换非常有用，因为它提供了时间-频率关系。

利用三维离散小波变换对三维体数据进行变换，即对体数据做多分辨率分解，将体数据分解成 X、Y、Z 不同方向上的子体数据，经过变换后，体数据被分割成八个频带。它为三维体数据特征进行分辨率分析提供了空间。三维离散小波变换的一层分解如图 2-11 所示。低频子带含有体数据的低频信息，基于离散小波变换的数字水印算法通常把水印嵌入低频子带。

5.4　基于多重变换域的距离感知哈希算法

1) 算法

本章首先分析传统的感知哈希算法，提出一种基于多重变换域的距离感知哈希算法应用于医学体数据特征向量的提取。基于多重变换域的距离感知哈希算法在多重变换域上提取特征点，通过计算特征点确定特征点的重心，利用各特征点到重心的欧氏距离生成哈希序列。该感知哈希算法把三维离散小波变换、分块三维离散余弦变换和分块三维离散余弦逆变换结合在一起，具有很强的鲁棒性。该算法具体过程如下。

(1) 利用三维离散小波变换对医学体数据进行变换，选取低频子带变换系数。

(2) 对低频子带变换系数进行分块，共分成 8×8 个不重叠的子低频子带变换系数。

(3) 对各个子低频子带变换系数分别进行三维离散余弦变换，分别选取变换后的低频系数 (3×3×3)，然后对选取的各低频系数 (3×3×3) 分别进行三维离散余弦逆变换，得到 8×8 个特征体数据 (3×3×3)。

(4) 把特征体数据 (3×3×3) 按照一定规则分成三组一维向量，各向量元素个数相等，计算各组向量的平均值，用平均值作为特征体数据的坐标值。

(5) 计算所有特征体数据的重心，重心坐标值等于所有特征体数据的坐标值之和除以特征体数据总数 8×8。

(6) 分别求出各特征体数据到重心的欧式距离，然后计算出各特征体数据到重心的欧氏距离的平均值。

(7) 将各特征体数据到重心的欧氏距离与欧氏距离的平均值进行比较，生成哈希序列。如果特征体数据到重心的欧氏距离大于欧氏距离的平均值，哈希值为 1；否则哈希值为 0。

这样通过各特征体数据到重心的欧氏距离和欧氏距离的平均值比较，就把体数据转化成了 64 位二值哈希序列。它利用了体数据受攻击后欧氏距离变化比较小的这一特点，构造哈希序列，从而确保了基于多重变换域的距离感知哈希算法的鲁棒性。本章利用基于多重变换域的距离感知哈希算法的唯一性和鲁棒性来构造零水印。下面对该基于多重变换域的距离感知哈希算法的唯一性和鲁棒性进行分析。

2) 唯一性分析

根据图像感知哈希算法的唯一性，两个内容不同的图像产生的哈希序列是不同的，也就是每个医学体数据生成的哈希序列是唯一的。为了验证提出的基于多重变换域的距离感知哈希算法的唯一性，本章也选用不同的医学体数据进行测试，不同的医学体数据如图 3-2 所示。其中，图 3-2(b) 和图 3-2(c) 都是头部体数据，图 3-2(f) 和图 3-2(g) 都是肝脏体数据，形状相近，其他体数据有的形状也相近。

利用提出的基于多重变换域的距离感知哈希算法对这 12 个医学体数据进行提取，得到 12 组不同的 64 位二值哈希序列。为了验证哈希序列的唯一性，把 12 组二值哈希序列两两匹配，利用汉明距离公式(2-49)来统计哈希序列间的差别。根据式(3-12)得到 66 个匹配结果，图 5-1 是不同医学体数据间哈希序列汉明距离统计直方图，图中横轴表示哈希序列的汉明距离，纵轴表示相同汉明距离的频率次数。由图 5-1 可以看出，匹配结果服从正态分布，通过正态曲线拟合和计算，得到其数学期望是 25.8485，方差是 7.7841。

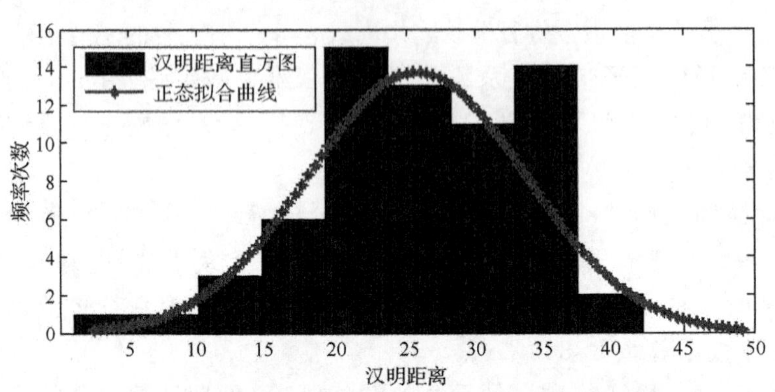

图 5-1 不同医学体数据间的哈希序列汉明距离统计直方图

根据统计直方图和实际情况，选择阈值，从图 5-1 中可以得到，汉明距离小于 1 时，表明两个医学体数据的哈希序列匹配，即两个医学体数据生成的哈希序列相同；汉明距离大于或等于 1 时，表明两个医学体数据生成的哈希序列不相同，即各体数据生成的哈希序列都具有唯一性。因此，选择阈值 T=1，因此根据式(3-13)求得统计概率是 3.1399×10^{-4}。

根据结果，可以看出两个哈希序列间汉明距离小于 1 的概率非常小，可以保证医学体数据生成的哈希序列的唯一性，因此本章提出的基于多重变换域的距离感知哈希算法具有唯一性，可以用来提取医学体数据的特征向量。

3) 鲁棒性分析

为了分析该距离感知哈希算法的鲁棒性，本章选择如图 3-4(a)所示的医学体数据作为原始医学体数据，其切片图像如图 3-4(b)所示(这里取医学体数据的第 10 个切片)，该医学体数据是 MATLAB 软件自带的 MRI 体数据。

首先，对该医学体数据做抗攻击性实验，图 3-5 显示的是常规攻击下的医学体数据和对应的切片图像，图 3-6 显示的是几何攻击下的医学体数据和对应的切片。

其次，利用提出的基于多重变换域的距离感知哈希算法对原始医学体数据和攻击后的医学体数据进行提取，分别生成 64 位二进制哈希序列。

最后，利用式(3-14)分别计算受攻击的医学体数据的哈希序列与原始医学体数据的哈希序列间的匹配值，为了便于比较，也利用式(3-14)计算无攻击时的医学体数据的哈希序列与原始医学体数据的哈希序列间的匹配值。

计算出的匹配值如图 5-2 所示。图 5-2 中，纵坐标表示哈希序列间的匹配值，横轴表示攻击类型，其中第一类是无攻击，匹配值为 64；第二类是高斯噪声攻击，噪声强度为 10%；第三类是 JPEG 压缩攻击，压缩质量因子为 2%；第四类是中值滤波攻击，即做中值[5×5]滤波 10 次；第五类是旋转攻击，即顺时针旋转 10°；第六类是缩放攻击，缩放因子为 0.5；第七类是平移攻击，即垂直下移 5%；第八类是剪切攻击，即从 Z 轴剪切 5%。

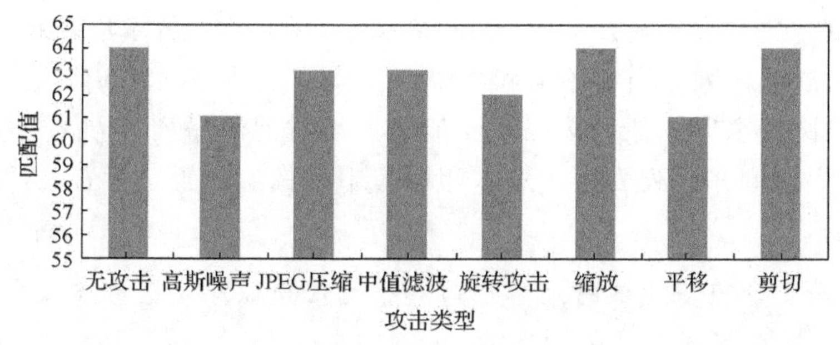

图 5-2　抗攻击实验

从图 5-2 中可以看出，受攻击的医学体数据的哈希序列与原始医学体数据的哈希序列间的匹配值的最小值为 61，这说明提取的哈希序列对于常规攻击和几何攻击具有很强的鲁棒性，所以本章提出的基于多重变换域的距离感知哈希算法具有鲁棒性。

综上所述，利用三维离散小波变换对医学体数据进行变换，选取低频三维子带系数进行分块三维离散余弦变换，选取低频系数再进行分块三维离散余弦逆变换，然后利用距离感知哈希算法来提取哈希序列，作为医学体数据的特征向量，该特征向量具有唯一性和鲁棒性，因此可以利用它作为医学体数据的特征嵌入零水印。

5.5 多重变换域水印嵌入与提取算法

5.5.1 多重变换域水印嵌入算法

选择一个具有特定含义的图像，把它作为实验中的原始水印图像，记作 $W=\{w(i,j)\mid w(i,j)=0,1;1\leqslant i\leqslant M_1,1\leqslant j\leqslant M_2\}$，原始水印图像的像素灰度值用 $w(i,j)$ 来表示。原始医学体数据选用 MATLAB 软件中的 MRI 大脑体数据，记作 $F(i,j,k)=\{f(i,j,k)\mid f(i,j,k)\in R;1\leqslant i\leqslant M,1\leqslant j\leqslant N,1\leqslant k\leqslant P\}$。这里，原始医学体数据的体素值用 $f(i,j,k)$ 来表示，相当于图像中的像素灰度值。为了计算方便，令 $M_1=M_2$， $M=N$。

1) 利用 Legendre 混沌神经网络对水印图像进行置乱

(1) 构造 Legendre 混沌神经网络。根据实际情况确定混沌神经网络的层数和神经元数目，确定 Legendre 混沌神经网络的结构。

(2) 训练 Legendre 混沌神经网络。确定 Legendre 混沌神经网络训练的最大训练次数、期望误差和混沌样本数目，初始化网络权值，利用混沌样本集训练网络权值。

(3) 生成混沌序列。由初始值和网络权值生成混沌序列 $X(j)$。

(4) 置乱原始水印图像。按照混沌值的大小对混沌序列 $X(j)$ 排序，得到顺序序列 $L(j)$，根据顺序序列 $L(j)$，对水印图像中的像素位置进行置乱，得到置乱的水印 $\mathrm{BW}(i,j)$。

2) 利用基于多重变换域的距离感知哈希算法提取原始医学体数据的哈希序列 $\mathrm{PH}(j)$

第一，利用三维离散小波变换对原始医学体数据 $F(i,j,k)$ 进行变换，获得小波变换系数 $\mathrm{Fxb}(i,j,k)$；第二，在小波变换系数 $\mathrm{Fxb}(i,j,k)$ 中，选择低频子带变换系数 $\mathrm{FF}(i,j,k)$；第三，把医学体数据 $\mathrm{FF}(i,j,k)$ 分成 8×8 个子体数据 $\mathrm{FF}_{8\times8}(i,j,k)$；第四，对各子体数据 $\mathrm{FF}_{8\times8}(i,j,k)$ 分别进行三维离散余弦变换，选择各子体数据三维离散余弦变换的低频系数 $\mathrm{FFd}_{8\times8}(i,j,k)$ (3×3×3)，共 8×8 个；第五，对选取的各低频变换系数 $\mathrm{FFd}_{8\times8}(i,j,k)$ (3×3×3) 分别进行三维离散余弦逆变换，得到逆变换后

的体数据 $\mathrm{FIF}(i,j,k)$，然后利用距离感知哈希算法提取体数据 $\mathrm{FIF}(i,j,k)$ 的哈希序列，得到 64 位二进制哈希序列 $\mathrm{PH}(j)$。详细过程如下：

$$\mathrm{Fxb}(i,j,k)=\mathrm{3D-DWT}(F(i,j,k)) \tag{5-1}$$

$$\mathrm{FF}(i,j,k)=\mathrm{TiQu}(\mathrm{Fxb}(i,j,k)) \tag{5-2}$$

$$\mathrm{FF}_{8\times8}(i,j,k)=\mathrm{Fen}(\mathrm{FF}(i,j,k)) \tag{5-3}$$

$$\mathrm{FFd}_8(i,j,k)=\mathrm{3D-DCT}(\mathrm{FF}_{8\times8}(i,j,k)) \tag{5-4}$$

$$\mathrm{FIF}(i,j,k)=\mathrm{3D-IDCT}(\mathrm{FFd}_8(i,j,k)) \tag{5-5}$$

$$\mathrm{PH}(j)=\mathrm{jHash}(\mathrm{FIF}(i,j,k)) \tag{5-6}$$

式中，TiQu(·)为提取小波低频子带变换系数；Fen(·)表示医学体数据分成 8×8 个子体数据；jHash(·)为距离感知哈希计算。

3) 使用哈希函数，将置乱的水印图像嵌入医学体数据中，生成提取密钥 $\mathrm{Key}(i,j)$ 用来提取水印图像

提取密钥 $\mathrm{Key}(i,j)$ 表达式如下：

$$\mathrm{Key}(i,j)=\mathrm{PH}(j)\oplus \mathrm{BW}(i,j) \tag{5-7}$$

提取密钥 $\mathrm{Key}(i,j)$ 可以保存在第三方，以便用于以后的水印提取。

5.5.2　多重变换域水印提取算法

1) 利用基于多重变换域的距离感知哈希算法提取待测医学体数据的哈希值 $\mathrm{PH}'(j)$

用 $F'(i,j,k)$ 代表接收的待测医学体数据，根据上述水印嵌入算法的第一步，对待测医学体数据进行三维离散小波变换、分块三维离散余弦变换和分块三维离散余弦逆变换，利用距离感知哈希算法提取出待测医学体数据的哈希序列 $\mathrm{PH}'(j)$，得到 64 位二进制哈希序列 $\mathrm{PH}'(j)$。详细步骤如下：

$$\mathrm{Fxb}'(i,j,k)=\mathrm{3D-DWT}(F'(i,j,k)) \tag{5-8}$$

$$\mathrm{FF}'(i,j,k)=\mathrm{TiQu}(\mathrm{Fxb}'(i,j,k)) \tag{5-9}$$

$$\mathrm{FF}'_{8\times8}(i,j,k)=\mathrm{Fen}(\mathrm{FF}'(i,j,k)) \tag{5-10}$$

$$\mathrm{FFd}'_8(i,j,k)=\mathrm{3D-DCT}(\mathrm{FF}'_{8\times8}(i,j,k)) \tag{5-11}$$

$$\mathrm{FIF}'(i,j,k)=\mathrm{3D-IDCT}(\mathrm{FFd}'_8(i,j,k)) \tag{5-12}$$

$$\mathrm{PH}'(j)=\mathrm{dHash}(\mathrm{FIF}'(i,j,k)) \tag{5-13}$$

2) 从待测医学体数据中，提取出水印图像 $\mathrm{BW}'(i,j)$

依据提取密钥 $\mathrm{Key}(i,j)$ 和步骤 1) 所提取出的待测医学体数据的哈希序列 $\mathrm{PH}'(j)$，再次利用哈希函数，从待测医学体数据中，提取出水印图像 $\mathrm{BW}'(i,j)$：

$$\mathrm{BW}'(i,j)=\mathrm{Key}(i,j)\oplus \mathrm{PH}'(j) \tag{5-14}$$

3) 利用 Legendre 混沌神经网络对提取的水印图像进行逆置乱，还原出水印图像

(1) 生成混沌序列。利用相同的初始值 x_0，通过相同的 Legendre 混沌神经网络生成混沌序列 $X(j)$。

(2) 还原提取的水印图像。按照混沌值的大小对混沌序列 $X(j)$ 排序，获得顺序序列 $L(j)$，根据顺序序列 $L(j)$，对提取的水印图像中的像素位置进行逆置乱，得到还原的水印图像 $W'(i,j)$。

4) 采用 NC 对从待测医学体数据中得到的水印图像 $W'(i,j)$ 进行检测

NC 公式见式(3-23)。并且使用 PSNR 对受攻击的待测医学体数据的图像质量进行评估。PSNR 公式见式(3-24)。

5.6　实验与分析

为了验证本章提出的水印算法的有效性，下面对该水印算法进行仿真实验。仿真软件采用 MATLAB 2010a，采用的原始医学体数据来自 MATLAB 软件自身的磁共振医学体数据(MRI.mat)，大小为 128×128×27，表示为 $F(i,j,k)$，其中 $1\leqslant i,j\leqslant 128$，$1\leqslant k\leqslant 27$。

Legendre 混沌神经网络的参数选择如下：网络结构选用 $1\times3\times1$；混沌样本数目为 800；期望误差是 10^{-9}；最大训练次数是 1000 次。对 Legendre 混沌神经网络进行训练，训练过程如图 5-3 所示，当训练次数为 96 时，误差为 8.7639×10^{-9}，已达到期望误差。选择含有特定含义的图像作为原始水印图像，其大小为 64×64，记作 $W=\{w(i,j)\,|\,w(i,j)=0,1;1\leqslant i\leqslant M_1,1\leqslant j\leqslant M_2\}$。利用训练后的 Legendre 混沌神经网络生成的用来置乱的混沌序列如图 5-4 所示。原始水印图像和置乱后的水印图像分别如图 5-5(a) 和图 5-5(b) 所示。

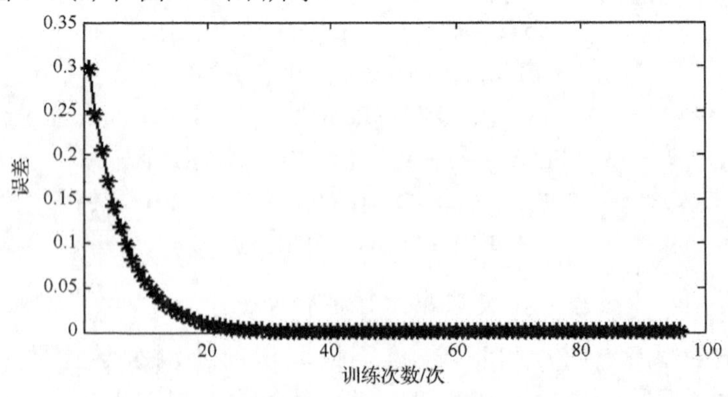

图 5-3　训练误差曲线

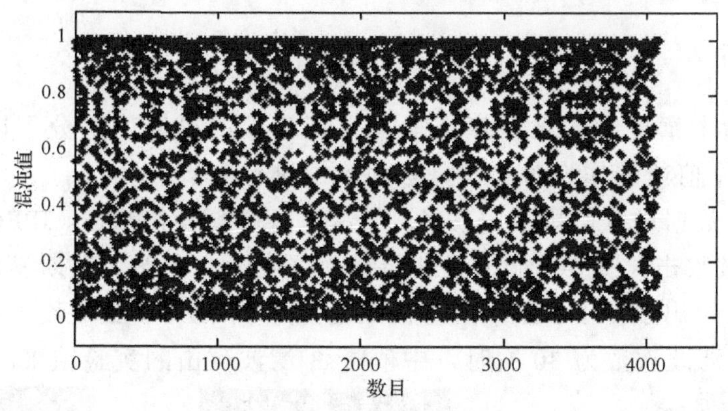

图 5-4　置乱的混沌序列

(a)原始水印图像

(b)置乱后的水印图像

图 5-5　水印图像

5.6.1　不可见性

无攻击时的医学体数据如图 5-6(a)所示，PSNR=95.3475dB，切片图像如图 5-6(b)所示，提取的水印图像如图 5-6(c)所示，其 NC 是 1，可以明显地检测出水印图像的存在，其 PSNR 值也显示了水印的不可见性。

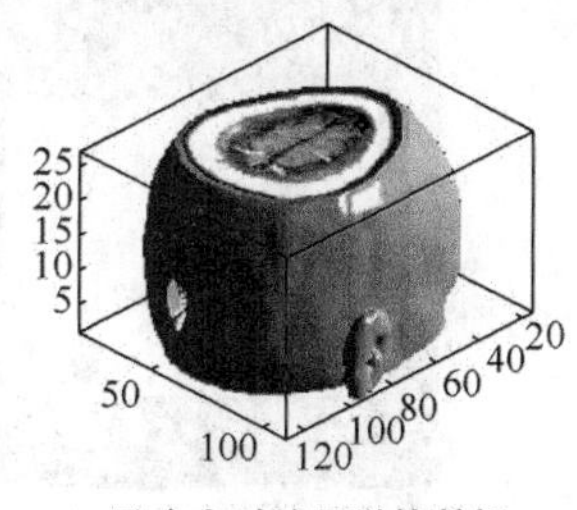

(a)无攻击时的医学体数据

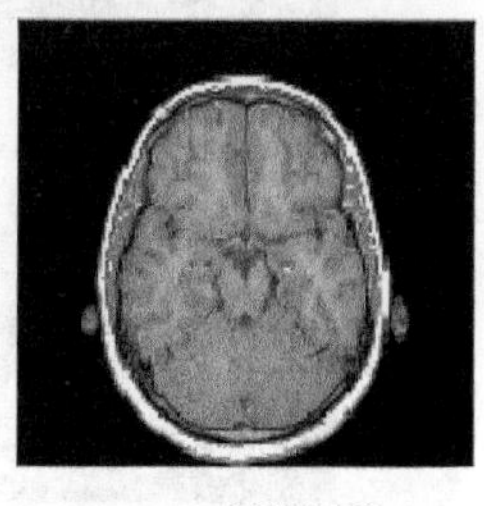

(b)切片图像

(c)提取的水印图像

图 5-6　无攻击时水印实验

5.6.2 鲁棒性

为了检验本章提出的水印算法抵抗常规攻击的鲁棒性，分别以高斯噪声、JPEG 压缩和中值滤波作为对水印算法的攻击进行实验。

对医学体数据进行常规攻击实验，依次进行高斯噪声攻击、JPEG 压缩攻击和中值[3×3]滤波攻击。图 5-7 给出了高斯噪声强度为 15%时，高斯噪声攻击的实验结果。图 5-8 给出了 JPEG 压缩质量因子为 8%时，JPEG 压缩攻击的实验结果。图 5-9 给出了滤波次数为 30 次时，中值[3×3]滤波攻击的实验结果。

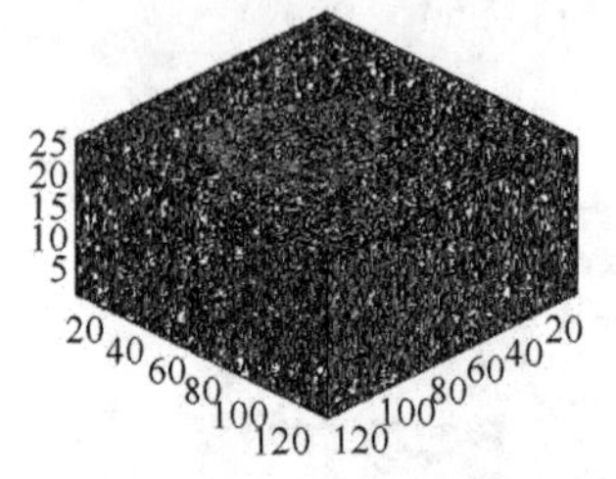

(a)受攻击后的医学体数据

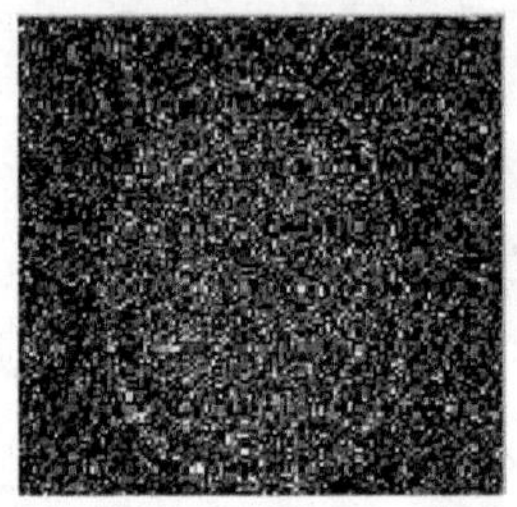

(b)切片图像

(c)提取的水印图像

图 5-7　高斯噪声攻击下的实验结果

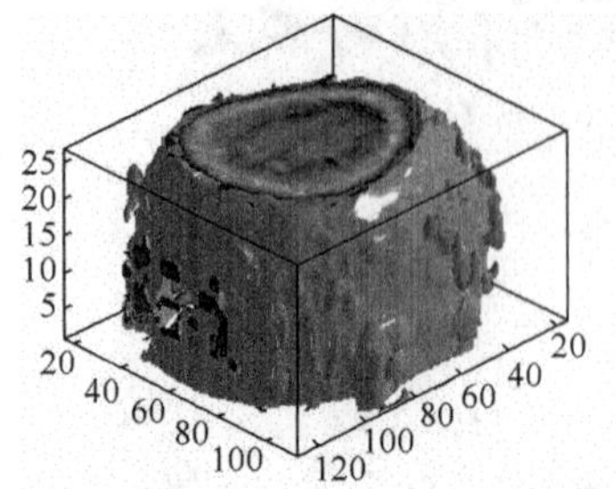

(a)受攻击后的医学体数据

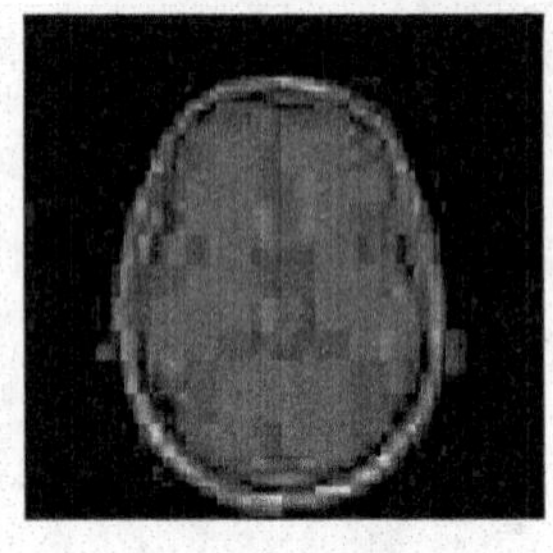

(b)切片图像

(c)提取的水印图像

图 5-8　JPEG 压缩攻击下的实验结果

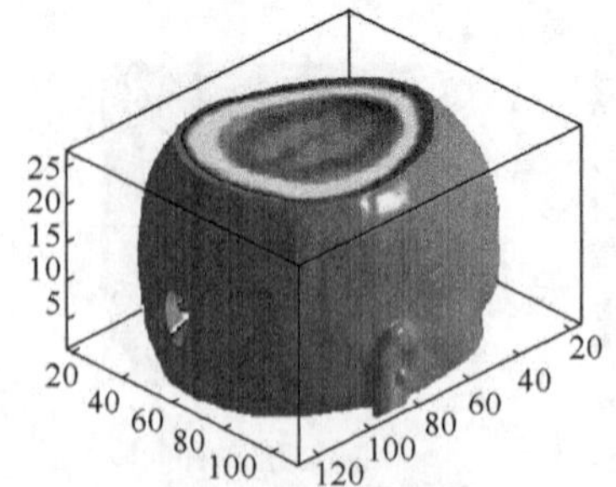

(a)受攻击后的医学体数据

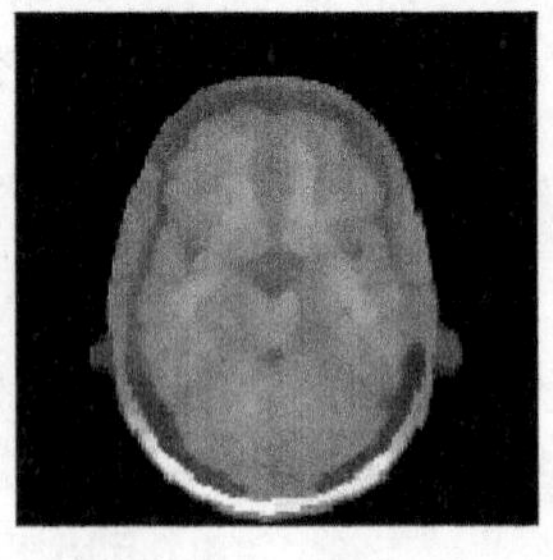

(b)切片图像

(c)提取的水印图像

图 5-9　中值滤波攻击下的实验结果

常规攻击下，NC 和医学体数据质量的情况分别如图 5-10 和图 5-11 所示。图 5-10(a)表示随着高斯噪声强度增加，NC 的变化情况；图 5-10(b)表示随着 JPEG 压缩质量因子的变化，NC 的变化情况；图 5-10(c)表示随着滤波次数增加，NC 的变化情况。从图 5-10 中可以看出，本章提出的水印算法对于常规攻击具有良好的鲁棒性。

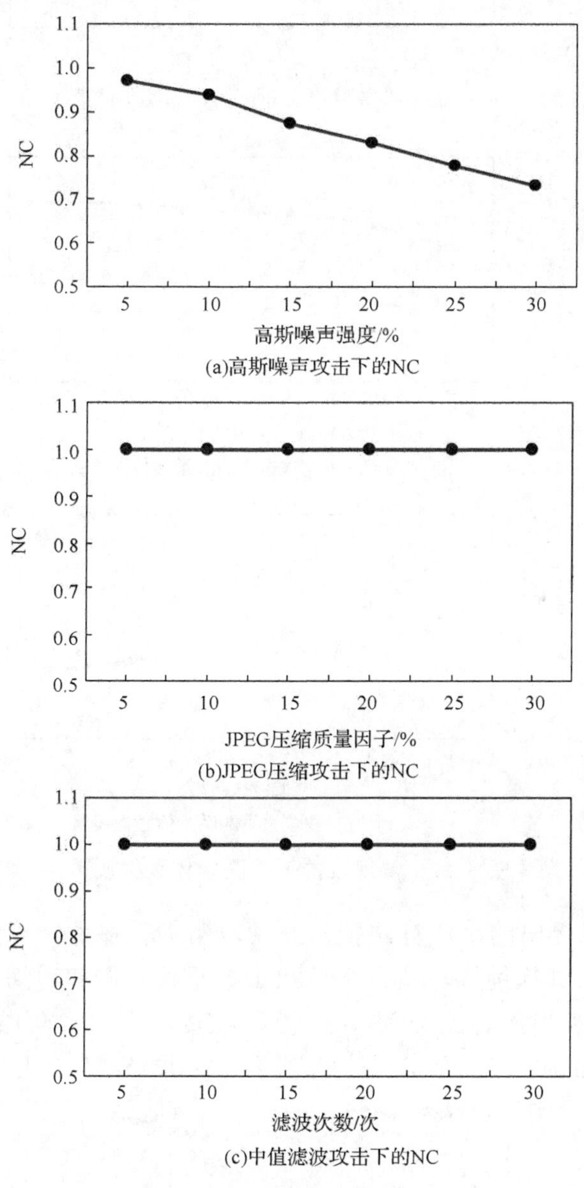

(a)高斯噪声攻击下的NC

(b)JPEG压缩攻击下的NC

(c)中值滤波攻击下的NC

图 5-10　常规攻击下的 NC

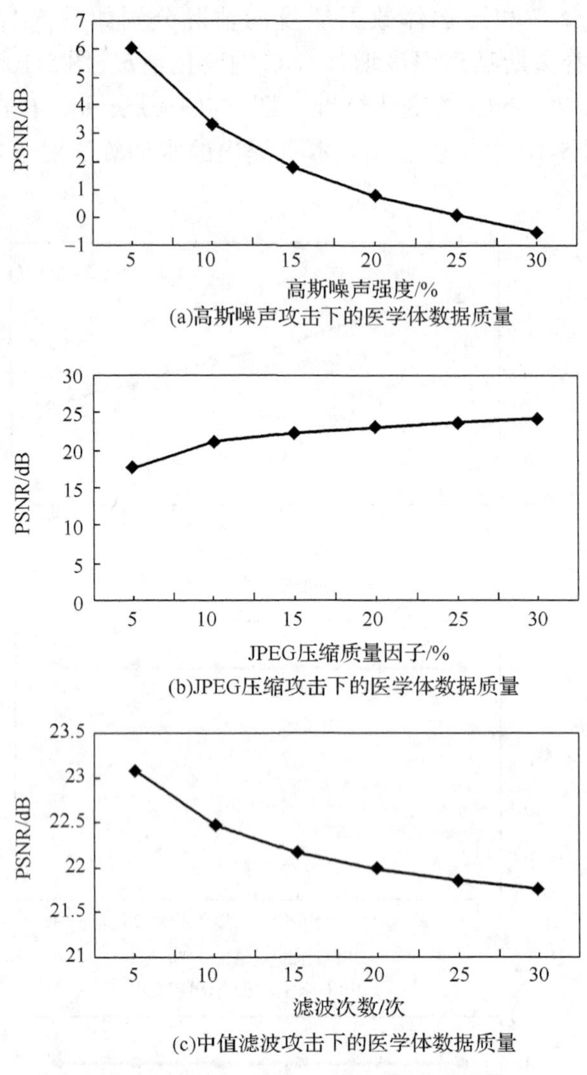

(a)高斯噪声攻击下的医学体数据质量

(b)JPEG压缩攻击下的医学体数据质量

(c)中值滤波攻击下的医学体数据质量

图 5-11　常规攻击下的医学体数据质量

下面检验本章提出的水印算法抵抗几何攻击的鲁棒性。对医学体数据进行几何攻击实验，依次进行旋转攻击、缩放攻击、平移攻击和剪切攻击。

图 5-12 给出了当旋转度数为 16° 时，旋转攻击的实验结果；图 5-13 给出了当缩放因子为 0.2 时，缩放攻击的实验结果；图 5-14 给出了当垂直向下移动 8%时，平移攻击的实验结果；图 5-15 给出了当剪切因子为 30%时，剪切攻击的实验结果。

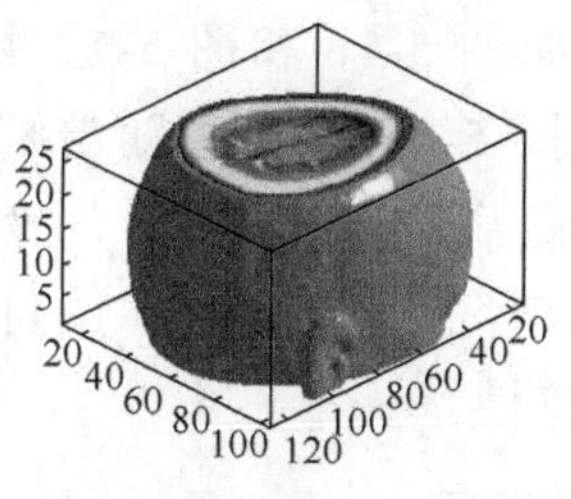

(a)受攻击后的医学体数据

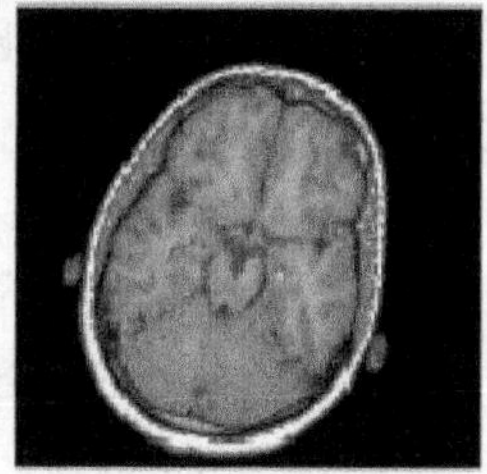

(b)切片图像

(c)提取的水印图像

图 5-12　旋转攻击下的实验结果

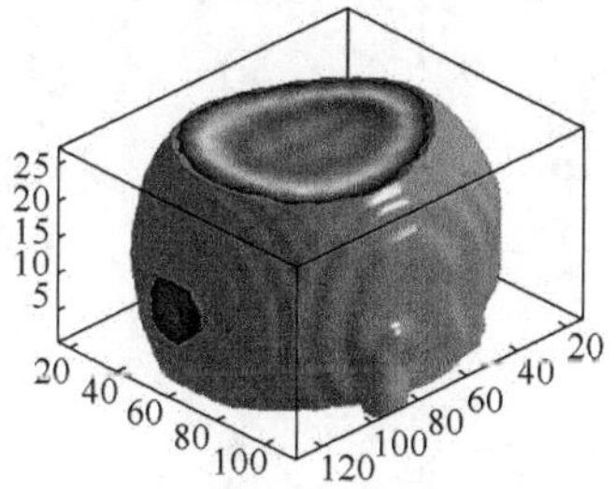

(a)受攻击后的医学体数据

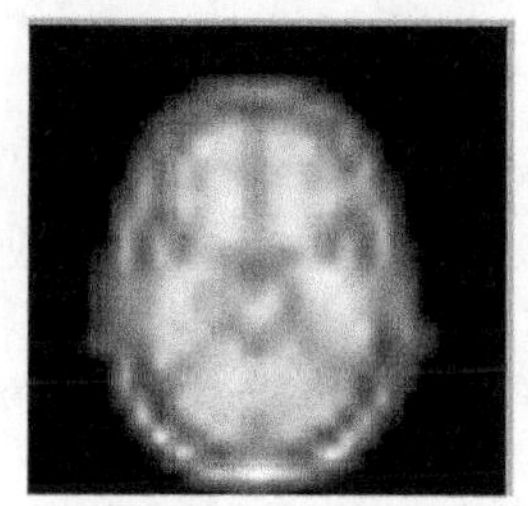

(b)切片图像

(c)提取的水印图像

图 5-13　缩放攻击下的实验结果

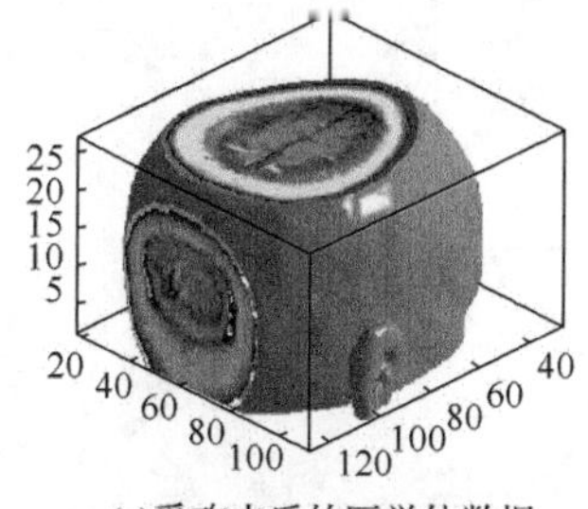

(a)受攻击后的医学体数据

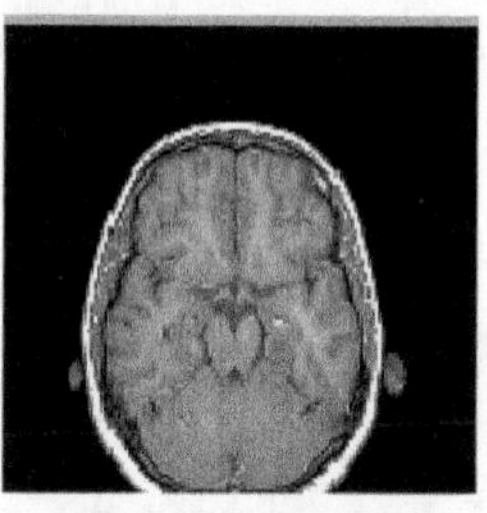

(b)切片图像

(c)提取的水印图像

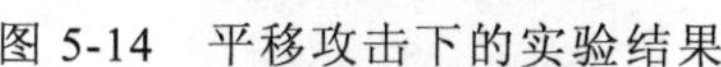

图 5-14　平移攻击下的实验结果

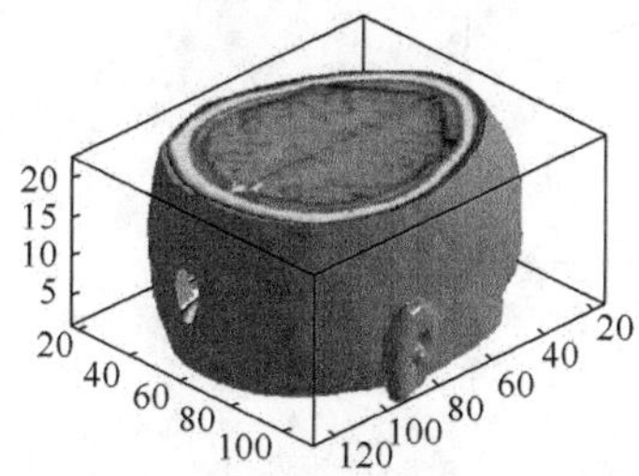

(a)受攻击后的医学体数据

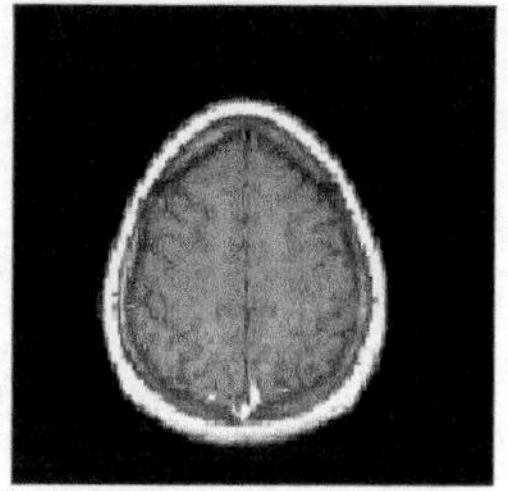

(b)切片图像

(c)提取的水印图像

图 5-15　剪切攻击下的实验结果

几何攻击下，NC 和医学体数据质量的情况分别如图 5-16 和图 5-17 所示。图 5-16(a)表示随着旋转度数增大，NC 的变化情况；图 5-16(b)表示随着缩放因子的变化，NC 的变化情况；图 5-16(c)表示随着移动距离的增加，NC 的变化情况；图 5-16(d)表示随着剪切因子的增大，NC 的变化情况。从图 5-16 中可以看出，本章提出的水印算法对于几何攻击具有良好的鲁棒性。

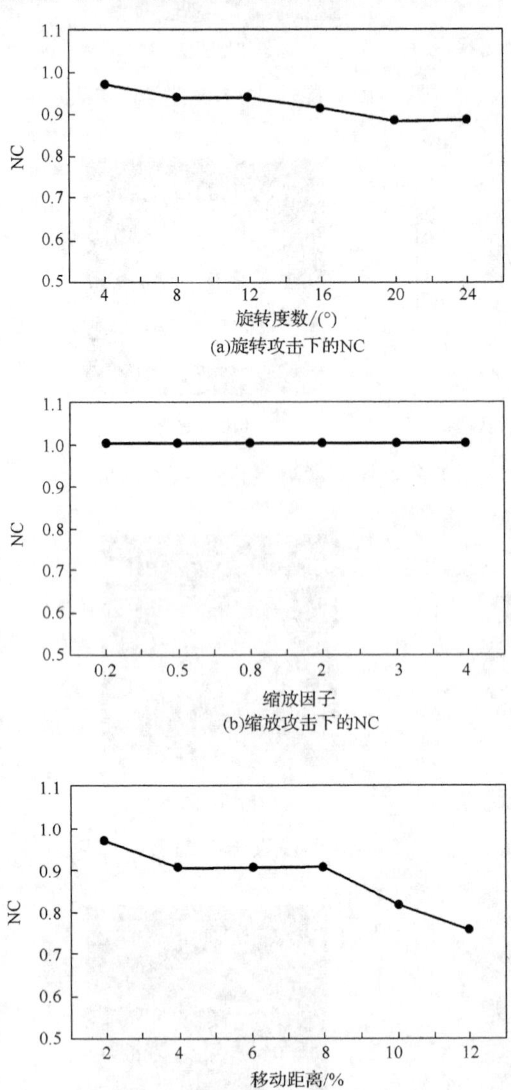

(a)旋转攻击下的NC

(b)缩放攻击下的NC

(c)平移攻击下的NC

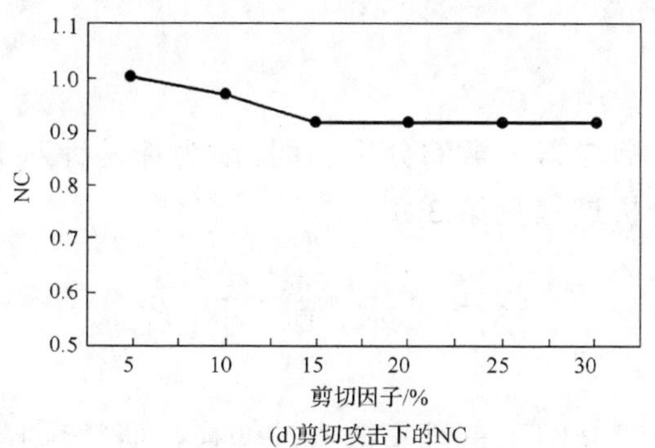

(d)剪切攻击下的NC

图 5-16　几何攻击下的 NC

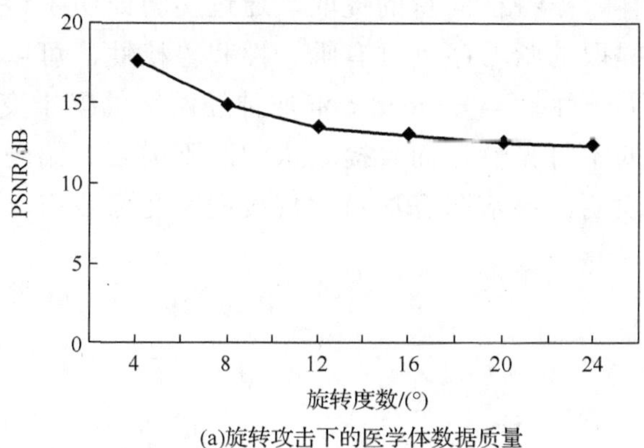

(a)旋转攻击下的医学体数据质量

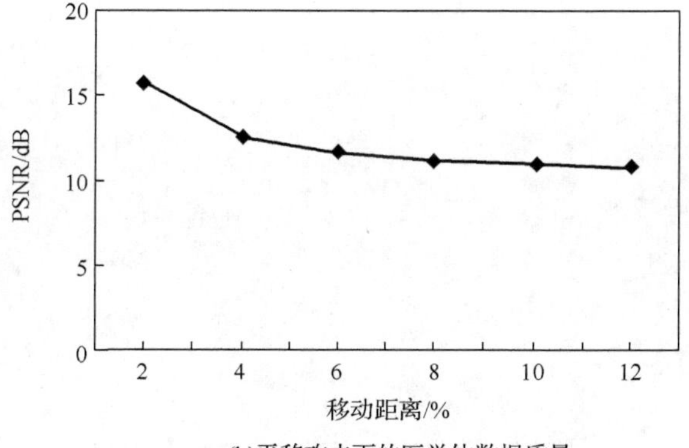

(b)平移攻击下的医学体数据质量

图 5-17　几何攻击下的医学体数据质量

从以上实验结果可以看出，该水印算法具有良好的抵抗常规攻击和几何攻击的能力。

5.6.3 安全性

本章的安全性分析与第 3 章的分析相同，因为都是针对 Legendre 混沌神经网络的。安全性具体分析过程见第 3 章。

5.7 本章小结

本章首先简单介绍介绍了三维离散小波变换，研究选择小波变换的低频子带变换系数进行特征向量提取；其次在多重变换域的基础上，提出了一种距离感知哈希算法用于医学体数据特征向量的提取，通过实验证明了该基于多重变换域的距离感知哈希算法提取的哈希序列具有唯一性和鲁棒性，可以用来提取体数据特征向量；最后提出了一种基于 Legendre 混沌神经网络的多重变换域水印算法，该水印算法具有良好的不可见性，而且提取水印时不需要原始医学体数据，实现了盲提取。实验结果表明，该水印算法对常规攻击和几何攻击具有很强的鲁棒性。

参 考 文 献

[1] Osborne D. Embedded watermarking for telemedicine. Adelaide: University of Adelaide, 2005.

[2] 郭小涛. 面向医学对象的无损数字水印系统的研究. 上海: 上海交通大学，2008.

[3] Kannamma A, Pavithra K, Subharani S. Double watermarking of DICOM medical images using wavelet decomposition technique. European Journal of Scientific Research, 2012, 70(1): 46-55.

[4] 蒯环. 基于数字水印的医学图像版权保护研究. 长沙: 中南大学, 2012.

[5] Li N, Zheng X, Zhao Y, et al. Robust algorithm of digital image watermarking based on discrete wavelet transform// International Symposium on Electronic Commerce and Security, 2008: 942-945.

[6] Memon N A. Watermarking of medical images for content authentication and copyright protection. GIK Institute of Engineering Sciences and Technology, Topi, 2010.

[7] Alsaade F, Bhuiyan A A. Digital watermarking for medical diagnosis. Journal of Applied Sciences, 2015, 15: 1112-1119.

[8] Coatrieux G, Lecornu L, Sankur B, et al. A review of image watermarking applications in healthcare// International Conference of the IEEE Engineering in Medicine & Biology Society, 2006: 4691-4694.

[9] Barni M, Bartolini F. Data hiding for fighting piracy. IEEE Signal Processing Magazine, 2004, 21(2): 28-39.

[10] 朱戈，张卫东. 数字化医院的网络安全问题. 医疗设备信息, 2006, 21(9): 55-56.

[11] Lavanya A, Natarajan V. Watermarking patient data in encrypted medical images. Sadhana, 2012, 37(6): 723-729.

[12] Al-Qershi O M, Khoo B E. Authentication and data hiding using a hybrid ROI-based watermarking scheme for DICOM images. Journal of Digital Imaging, 2011, 24(1): 114-125.

[13] Kobayashi L O M, Furuie S S, Barreto P S L M. Providing integrity and authenticity in DICOM images: A novel approach. IEEE Transactions on Information Technology in Biomedicine, 2009, 13(4): 582-589.

[14] Tan C K, Ng J C, Xu X, et al. Security protection of DICOM medical images using dual-layer

reversible watermarking with tamper detection capability. Journal of Digital Imaging, 2011, 24(3): 528-540.

[15] Seenivasagam V, Velumani R. A QR code based zero-watermarking scheme for authentication of medical images in teleradiology cloud. Computational and Mathematical Methods in Medicine, 2013, (4): 1-16.

[16] Thippanna G, Reddy T B, Sasikala C, et al. Medical image encryption and compression using masking algorithm technique. American Journal of Computer Science and Information Technology , 2015, 3(1): 89-96.

[17] Zain J M, Fauzi A R M. Medical image watermarking with tamper detection and recovery. 2006, 1(1): 3270-3273.

[18] Mehto A, Mehra N. Adaptive lossless medical image watermarking algorithm based on DCT & DWT . Procedia Computer Science, 2016, 78: 88-94.

[19] 李京兵，杜文才. 二维和三维医学图像稳健数字水印技术. 北京: 知识产权出版社, 2012.

[20] Das S, Kundu M K. Effective management of medical information through ROI-lossless fragile image watermarking technique. Computer Methods and Programs in Biomedicine, 2013, 111(3): 662-675.

[21] Cox I J, Miller M L, Bloom J A. Robust Digital Watermarking. Sans Francisco: Morgan Kaufmann Publishers, 2004.

[22] Munch H, Englemann U, Schroter A, et al. The integration of medical images with the electronic patient record and their web-based distribution. Journal of Academic Radiolog, 2004, 11(6): 661-668.

[23] 钟晓燕，冯前进，陈武凡，等. 基于 Hash 函数敏感性的医学图像精确认证. 中国图形图象学报, 2008, 13(2): 204-208.

[24] Bhatnagar G, Jonathan Wu Q M, Liu Z. Human visual system inspired multi-modal medical image fusion framework. Expert Systems with Applications, 2013, 40(5): 1708-1720.

[25] Aggeliki G, Sotiris P, Dimitris K. Multiple image watermarking applied to health information management. IEEE Transactions on Information Technology in Biomedicine, 2006, 10(4): 722-732.

[26] Chao H M, Hsu C M, Miaou S G. A data-hiding technique with authentication, integration, and confidentiality for electronic patient records. IEEE Transactions on Information Technology in Biomedicine, 2002, 6(1): 46-53.

[27] Wu Y H, Guan X, Kankanhalli M S, et al. Robust invisible watermarking of volume data using the 3D DCT// Computer Graphics International, Proceedings IEEE Computer Society,

Hong Kong, 2001: 359-362.

[28] Giakoumaki A, Pavlopoulos S, Koutouris D. A medical image watermarking scheme based on wavelet transform // IEEE Conference on Engineering in Medicine and Biology Society, 2003, 1: 856-859.

[29] 隋淼. 基于 Arnold 置乱和变换域的医学图像鲁棒水印算法研究. 海口: 海南大学, 2014.

[30] Castiglione A, Pizzolante R, de Santis A, et al. Cloud-based adaptive compression and secure management services for 3D healthcare data. Future Generation Computer Systems, 2015, 43: 120-134.

[31] Ho A T S, Zhu X, Shen J. Authentication of biomedical images based on zero location watermarking// Control, Automation, Robotics and Vision Conference, 2004, 2: 973-976.

[32] Shih F Y, Wu Y T. Robust watermarking and compression for medical images based on genetic algorithms. Information Sciences, 2005, 175(3): 200-216.

[33] Parah S A, Sheikh J A, Ahad F, et al. Information hiding in medical images: A robust medical image watermarking system for E-healthcare. Multimedia Tools and Applications, 2015, 76(8): 10599-10633.

[34] Kutter M, Bhattacharjee S K, Ebrhimi T. Towards second generation watermarking schemes // International Conference on Image Processing, 1999, 1: 320-323.

[35] Zain J M, Clarke M. Reversible region of non-interest (RONI) watermarking for authentication of DICOM images. International Journal of Computer Science & Network Security, 2011(9): 19-27.

[36] Rahimi F, Rabbani H. A dual adaptive watermarking scheme in contourlet domain for DICOM images. Biomedical Engineering Online, 2011, 10(1): 1-18.

[37] Kobayashi L O M, Furuie S S. Proposal for DICOM multiframe medical image integrity and authenticity. Journal of Digital Imaging, 2009, 22(1): 71-83.

[38] Seo J S, Yoo C D. Image watermarking based on invariant regions of scale-space representation. IEEE Transactions on Signal Processing, 2006, 54(4): 1537-1549.

[39] Wakatani A. Digital watermarking for ROI medical images by using compressed signature image// Proceedings of the 35th Annual Hawaii International Conference on System Sciences, 2002: 2043-2048.

[40] Kong X, Rui F. Watermarking medical signals for telemedicine. IEEE Transactions on Information Technology in Biomedicine, 2001, 5(3): 195-201

[41] Dong C H, Zhang H Q, Li J B, et al. Robust zero-watermarking for medical image based on DCT// Computer Sciences and Convergence Information Technology, Seogwipo, 2011: 900-904.

[42] Dong C H, Li J B, Huang M X, et al. The medical image watermarking algorithm with encryption by DCT and logistic// Web Information Systems and Applications Conference, Haikou, 2012: 119-124.

[43] Han B R, Li J B. Medical image watermarking in sub-block three-dimensional discrete cosine transform domain. International Journal Bioauthomation, 2016, 20(1): 69-78.

[44] Engin M, Çidam O, Engin E Z. Wavelet transformation based watermarking technique for human electrocardiogram (ECG). Journal of Medical Systems, 2005, 29(6): 589-594.

[45] Parah S A, Ahad F, Sheikh J A, et al. Hiding clinical information in medical images: A new high capacity and reversible data hiding technique. Journal of Biomedical Informatics, 2017, 66: 214-230.

[46] Giakoumaki A, Pavlopoulos S, Koutsouris D. Secure and efficient health data management through multiple watermarking on medical images. Medical and Biological Engineering and Computing, 2006, 44(8): 619-631.

[47] Memon N A, Gilani S A M, Qayoom S. NROI watermarking of medical images for content authentication// IEEE International Multitopic Conference, 2008: 106-110.

[48] Lim Y, Xu C, Feng D D. Web based image authentication using invisible fragile watermark// Proceedings of the Pan-Sydney Area Workshop on Visual Information Processing, 2001: 31-34.

[49] Golpira H, Danyali H. Reversible blind watermarking for medical images based on wavelet histogram shifting// 2009 IEEE International Symposium on Signal Processing and Information Technology (ISSPIT), 2009: 31-36.

[50] Memon N A, Gilani S A M, Qayoom S. Multiple watermarking of medical images for content authentication and recovery// IEEE 13th International Multitopic Conference, 2009: 1-6.

[51] Hajjaji M A, Mtibaa A, Bourennane E. A watermarking of medical image: Method based. Journal of Emerging Trends in Computing & Information Sciences, 2011, 2(12): 714-721.

[52] Agung B W R, Permana F P. Medical image watermarking with tamper detection and recovery using reversible watermarking with LSB modification and run length encoding (RLE) compression// 2012 IEEE International Conference on Communication, Networks and Satellite (ComNetSat), 2012: 167-171.

[53] Acharya R, Bhat P S, Kumar S, et al. Transmission and storage of medical images with patient information. Computers in Biology and Medicine, 2003, 33(4): 303-310.

[54] Trichili H, Boublel M, Derbel N, et al. A new medical image watermarking scheme for a better telediagnosis// IEEE International Conference on Systems, Man and Cybernetics,

Tunisia, 2002: 556-559.

[55] Kumar B, Anand A, Singh S P, et al. High capacity spread-spectrum watermarking for telemedicine applications. World Academy of Science Engineering & Technology, 2011 (79): 95.

[56] Mostafa S A K, El-Sheimy N, Tolba A S, et al. Wavelet packets-based blind watermarking for medical image management. The Open Biomedical Engineering Journal, 2010, 4: 93-98.

[57] Singh A K, Kumar B, Dave M, et al. Robust and imperceptible dual watermarking for telemedicine applications. Wireless Personal Communications, 2015, 80 (4): 1415-1433.

[58] Al-Haj A. Secured telemedicine using region-based watermarking with tamper localization. Journal of Digital Imaging, 2014, 27 (6): 737-750.

[59] Singh A K, Kumar B, Dave M, et al. Multiple watermarking on medical images using selective discrete wavelet transform coefficients. Journal of Medical Imaging & Health Informatics, 2015, 5 (3): 607-614.

[60] Badshah G, Liew S C, Zain J M, et al. Importance of watermark lossless compression in digital medical image watermarking. Research Journal of Recent Sciences, 2015, 4: 75-79.

[61] Divecha N H, Jani N N. Reversible watermarking technique for medical images using fixed point pixel// 2015 Fifth International Conference on Communication Systems and Network Technologies, 2015: 725-730.

[62] Nyeem H, Boles W, Boyd C. Content-independent embedding scheme for multi-modal medical image watermarking. Biomed Eng Online, 2015, 14 (1): 71-79.

[63] Anusudha K, Venkateswaran N, Valarmathi J. Secured medical image watermarking with DNA codec. Multimedia Tools and Applications, 2016, 76 (2): 2911-2932.

[64] Garcia-Hernandez J J, Gomez-Flores W, Rubio-Loyola J. Analysis of the impact of digital watermarking on computer-aided diagnosis in medical imaging. Computers in Biology and Medicine, 2016, 68: 37-48.

[65] Cedillo-Hernandez M, Garcia-Ugalde F, Nakano-Miyatake M, et al. Robust watermarking method in DFT domain for effective management of medical imaging. Signal, Image and Video Processing, 2015, 9 (5): 1163-1178.

[66] Mohananthini N, Yamuna G. A study of DWT-SVD based multiple watermarking scheme for medical images. International Journal of Network Security, 2015, 17 (5): 558-568.

[67] Li J, Dong C, Huang M, et al. A novel robust watermarking for medical image. Advances in Information Sciences & Service Sciences, 2012, 4 (11): 28-36.

[68] Gao L, Gao T, Zhao J. Reversible watermarking in medical image using RDWT and sub-sample. International Journal of Digital Crime and Forensics, 2015, 7 (4): 1-18.

[69] Wu J H K, Chang R F, Chen C J, et al. Tamper detection and recovery for medical images using near-lossless information hiding technique. Journal of Digital Imaging, 2008, 21(1): 59-76.

[70] Piao C R, Woo D M, Park D C, et al. Medical image authentication using Hash function and integer wavelet transform// IEEE Congress on Image and Signal Processing, 2008, 1: 7-10.

[71] Huang L, Pan G, Zheng G, et al. Large-capacity reversible watermarking algorithm for medical image based on block histogram of difference. International Journal of Pattern Recognition and Artificial Intelligence, 2015, 29(4): 155-162.

[72] 高琳. 医学图像数字水印技术研究. 天津: 南开大学, 2014.

[73] 陈凌剑. 基于整数小波变换的医学图像易碎水印技术. 广州: 第一军医大学, 2005.

[74] Sun X S, Bo S K. A blind digital watermarking for color medical images based on PCA// Wireless Communications, Networking and Information Security, Beijing, 2010: 421-427.

[75] Sun G X, Sun H Q, Sun X H, et al. Combination independent content feature with watermarking annotation for medical image retrieval// Innovative Computing, Information and Control, Kumamoto, 2007: 607-610.

[76] 刘岩, 张春田. 感兴趣区图像数字水印认证方法. 天津大学学报, 2004, 37(2): 100-104.

[77] 刘旺, 姜守达, 孙圣和. 基于三维 DCT 变换的体数据鲁棒数字水印嵌入算法. 电子学报, 2005, 33(12): 2174-2177.

[78] Li J B, Dong C H, Han X H, et al. DFT based multiple watermarks for medical image robust to common and geometrical attacks// Information Science and Service Science and Data Mining, Taipei, 2012: 472-477.

[79] Han B R, Li J B. A robust watermarking algorithm for medical volume data based on hermite chaotic neural network. International Journal of Applied Mathematics and Statistics, 2013, 48(18) : 128-135.

[80] 刘瑶利. 基于 Logistic Map 的三维医学体数据鲁棒水印算法研究. 海口: 海南大学, 2014.

[81] Lu J, Wang M, Dai J, et al. Multiple watermark scheme based on DWT-DCT quantization for medical images. Journal of Information Hiding & Multimedia Signal Processing, 2015, 6(3): 458-472.

[82] Han B R, Li J B. Zero-watermarking algorithm for medical volume data based on difference hashing. International Journal of Computers, Communications & Control, 2015, 10 (2): 188-199.

[83] Han B R, Li J B, Huang M X. A novel medical image watermarking in three-dimensional fourier compressed domain. International Journal Bioauthomation, 2015, 19(3): 397-408.

[84] 刘瑞祯，谭铁牛. 数字图像水印研究综述. 通信学报, 2000, 21(8): 39-48.

[85] 刘九芬，黄达人，黄继武. 图像水印抗几何攻击研究综述. 电子与信息学报，2004，26(9): 1495-1503.

[86] 黄继武，谭铁牛. 图像隐形水印综述. 自动化学报, 2000, 26(5): 645-655.

[87] Bhattacharya S, Chattopadhyay T, Pal A. A survey on different video watermarking techniques and comparative analysis with reference to H. 264/AVC// 2006 IEEE Tenth International Symposium on Consumer Electronics, 2006: 1-6.

[88] Chan P W, Lyu M R, Chin R Y. A novel scheme for hybrid digital video watermarking: Approach evaluation and experimentation. IEEE Transactions on Circuits and Systems for Video Technology, 2005, 15(12): 1638-1649.

[89] Zheng D, Liu Y, Zhao J, et al. A survey of RST invariant image watermarking algorithms. ACM Computing Surveys (CSUR), 2007, 39(2): 5.

[90] Langelaar G C, Lagendijk R L. Optimal differential energy watermarking of DCT encoded images and video. IEEE Transactions on Image Proceeding, 2003, 10(1): 148-158.

[91] Chen B, Wornell G W. Quantization index modulation: A class of provably good methods for digital watermarking and information embedding. IEEE Transactions on Information Theory, 2001, 47(4): 1423-1443.

[92] 陈琦，王炳锡. 一种用于版权保护的音频数字水印算法. 电声技术, 2002, 5(1): 48-50.

[93] Coatrieux G, Maitre H, Sankur B, et al. Relevance of watermarking in medical imaging// International Conference on Information Technology Applications in Biomedicine, 2000: 250-255.

[94] Coatrieux G, Maitre H, Sankur B. Strict integrity control of biomedical images// Security and Watermarking of Multimedia Contents Ⅲ. International Society for Optics and Photonics, 2001, 4314: 229-241. .

[95] Gray R M, Olshen R A, Ikeda D. Measuring quality in computer-processed radiological images// Conference Record of the Twenty-Ninth Alomar Conference on Signals, System and Computers, 1995, 1(5): 489-493.

[96] Memon N A, Chaudhry A, Ahmad M, et al. Hybrid watermarking of medical images for ROI authentication and recovery. International Journal of Computer Mathematics, 2011, 88(10): 2057-2071.

[97] Coatrieux G, Puentes J, Lecornu L, et al. Compliant secured specialized electronic patient record platform//The 1st Transdisciplinary Conference on Distributed Diagnosis and Home Healthcare, 2006: 156-159.

[98] Onken M, Eichelberg M, Riesmeier J, et al. Digital imaging and communications in medicine// Biomedical Image Processing. Berlin: Springer, 2010: 427-454.

[99] 熊新兵, 陈亚光. 远程医疗图像通信系统中的安全机制. 计算机与现代化, 2005, 12(1): 45-47.

[100]白净, 张永红. 远程医疗概论. 北京: 高等教育出版社, 2000.

[101]Dietrich M E. Picture archiving and communication systems (PACS) for medical application[J]. International Journal of Bio-Medical Computing, 1994, 35(2): 91-124.

[102]王中锋, 徐明. PACS 设计与实现中的几个关键问题. 计算机工程与应用, 2001, 16(1): 155-158.

[103]Cradduck T D. PACS: Basic principles and applications. Physics in Medicine & Biology, 2000, 45(45): 2444.

[104]张建国. 医学影像信息应用中的安全问题及其安全处理技术研究. 中国医疗器械杂志, 2006, 30(2): 94-96.

[105]陈晓勐, 张建国, 医疗信息安全体系架构设计. 红外与毫米波学报, 2005, 24(1): 71-75.

[106]Gao F, Huang H K, Zhou X Q. Medical image security in a HIPAA mandated PACS environment. Computerized Medical Imaging and Graphics, 2003, 27: 185-196.

[107]Navas K A, Sasikumar M. Survey of medical image watermarking algorithms// Internation Conference on Sciences of Electronics, Technologies of Information and Telecommunications, 2007: 25-29.

[108]秦红磊, 郝燕玲, 孙枫. 一种基于混沌的图像置乱网络的设计. 计算机工程与应用, 2002, 38(7): 104-106.

[109]Li T Y, Yorke J A. Period three implies chaos. The American Mathematical Monthly, 1975, 82(10): 985-992.

[110]Devaney R L, Siegel P B, Mallinckrodt A J. A first course in chaotic dynamical systems: Theory and experiment. Computers in Physics, 1993, 7(4): 416-417.

[111]Wolf A, Swift J B, Swinney H L, et al. Determining Lyapunov exponents from a time series. Physica D: Nonlinear Phenomena, 1985, 16(3): 285-317.

[112]邓绍江, 李传东, 廖晓峰. 基于耦合 Logistic 映射的伪随机位发生器及其在混沌序列密码算法中的应用. 计算机科学, 2003, 30(12): 95-98.

[113]邓绍江, 肖迪, 涂凤华. 基于 Logistic 映射混沌加密算法的设计与实现. 重庆大学学报, 2004, 27(4): 61-63.

[114]孙鑫, 易开祥, 孙优贤. 基于混沌系统的图像加密算法. 计算机辅助设计与图形学学报, 2002, 14(2): 1-4.

[115]单梁，强浩，李军，等. 基于 Tent 映射的混沌优化算法. 控制与决策, 2005, 20(2): 179-182.

[116]刘建东，付秀丽. 基于耦合帐篷映射的时空混沌单向 Hash 函数构造. 通信学报, 2007, 28(6): 30-38.

[117]范九伦，张雪锋. 分段 Logistic 混沌映射及其性能分析. 电子学报, 2009, 37(4): 720-725.

[118]邹阿金. 基函数神经网络及应用. 广州: 中山大学出版社, 2009.

[119]邹阿金，肖秀春. 基于混沌控制系统的神经网络异步加密. 计算机工程, 2008, 34(12): 160-161.

[120]章兢，邹阿金，童调生. 多项式基函数神经网络模型. 湖南大学学报(自然科学版), 1996(2): 84-89.

[121]张雨浓，陈裕隆，姜孝华，等. 一种权值直接确定及结构自适应的 Chebyshev 基函数神经网络. 计算机科学, 2009, 36(6): 210-213.

[122]邹阿金，张雨浓，肖秀春. Hermite 混沌神经网络异步加密算法. 智能系统学报, 2010(5): 458-462.

[123]张慧. 图像感知哈希测评基准及算法研究. 哈尔滨: 哈尔滨工业大学, 2009.

[124]Jing F, Li M, Zhang H J, et al. An efficient and effective region-based image retrieval framework. IEEE Transactions on Image Processing, 2004, 13(5): 699-709.

[125]Monga V, Mhcak M K. Robust and secure image hashing via non-negative matrix factorizations. IEEE Transactions on Information Forensics and Security, 2007, 2(3): 376-390.

[126]Ghouti L. Robust perceptual color image hashing using quaternion singular value decomposition// IEEE International Conference on Acoustics, Speech and Signal Processing, Florence, 2014: 3794-3798.

[127]Tang Z J, Zhang X Q, Zhang S C. Robust perceptual image hashing based on ring partition and NMF. IEEE Transactions on Knowledge and Data Engineering, 2014, 3(26): 711-724.

[128]牛夏牧，焦玉华. 感知哈希综述. 电子学报, 2008, 36(7): 1405-1411.

[129]Swaminathan A, Mao Y, Wu M. Robust and secure image hashing. IEEE Transactions on Information Forensics and Security, 2006, 1(2): 215-230.

[130]Hu Y Y, Niu X M. Image hashing algorithm based on robust bits extraction in JPEG compression domain. Information Technology Journal, 2010, 9(1): 152-157.

[131]Schneider M, Chang S F. A robust content based digital signature for image authentication// International Conference on Image Processing, 1996, 3: 227-230. .

[132]Weng L, Preneel B. On secure image hashing by higher-order statistics// IEEE International

Conference on Signal Processing and Communications, 2007: 1063-1066.

[133]Xiang S, Kim H J, Huang J. Histogram-based image hashing scheme robust against geometric deformations// Proceedings of the 9th Workshop on Multimedia & Security. 2007: 121-128.

[134]Lin C Y, Chang S F. A robust image authentication system distinguishing JPEG compression from malicious manipulation. IEEE Transactions on Circuits and Systems for Video Technology, 2007, 11(2): 153-168.

[135]Swaminathan A, Mao Y, Wu M. Robust and secure image hashing. IEEE Transactions on Information Forensics and Security, 2006, 1(2): 215-230.

[136]Wu D, Zhou X, Niu X. A novel image hash algorithm resistant to print-scan. Signal Processing, 2009, 89(12): 2415-2424.

[137]Dittmann J, Steinmetz A, Steinmetz R. Content-based digital signature for motion pictures authentication and content-fragile watermarking// IEEE International Conference on Multimedia Computing and Systems, 1999, 2: 209-213.

[138]Monga V. Robust and secure image hashing via non-negative matrix factorizations. IEEE Transactions on Information Forensics and Security, 2007, 2(3): 376-390. .

[139]Memon N A, Gilani S A M. Watermarking of chest CT scan medical images for content authentication. International Journal of Computer Mathematics, 2011, 88(2): 265-280.

[140]胡艳芳. 基于三维小波变换和 Arnold 置乱的医学体数据鲁棒水印算法. 海口: 海南大学, 2015.